教科別 びっくり! オモシロ雑学

ふむふむ

社会 4

社会オモシロ雑学研究会 編

もくじ

日本の地理・歴史《れきし》なんでもナンバーワン

地理・歴史《れきし》おどろき20連発《れんぱつ》

チャンス
まきびし…!!

公民《こうみん》で知る! 日本のすごい! おもしろい!

公民《こうみん》でわかる！ 現代《げんだい》のナンバーワン

日本の
地理・歴史《れきし》
なんでも
ナンバーワン

Social Studies

都道府県《とどうふけん》のうち
いちばん面積《めんせき》が大きい北海道《ほっかいどう》は
いちばん小さい県《けん》が44個《こ》入る

北海道《ほっかいどう》の面積《めんせき》は、国土地理院《こくどちりいん》が2023年7月に発表《はっぴょう》した資料《しりょう》によると8万3422平方《へいほう》キロメートルあります。日本の総面積《そうめんせき》の約《やく》2割《わり》をしめています。北海道《ほっかいどう》に次《つ》いで面《めん》積《せき》が大きいのは岩手県《いわてけん》で、福島県《ふくしまけん》、長野県《ながのけん》、新潟県《にいがたけん》とつづいています。

北海道《ほっかいどう》の面積《めんせき》を世界《せかい》の国々《くにぐに》と比《くら》べると、オーストリアやチェコと同《おな》じくらいです。

逆《ぎゃく》に、いちばん小さいのは四国地方にある香川県《かがわけん》です。香《か》川県《がわけん》の面積《めんせき》は1877平方《へいほう》キロメートルですから、北海《ほっかい》道《どう》はなんと香川県《かがわけん》の約《やく》44個《こ》分《ぶん》にあたります。

北海道《ほっかいどう》の大きさを直線距《ちょくせんきょ》離《り》でみると、西の松前港《まつまえこう》から東の知床岬《しれとこみさき》までは約《やく》500キロメートルです。本州《ほんしゅう》は約《やく》1500キロメートルなので、北海道《ほっかいどう》はその3分の1の距《きょ》離《り》になります。

ちなみに国立社会保障《こくりつしゃかいほしょう》・人口問題研究所《じんこうもんだいけんきゅうじょ》の「人口統《じんこうとう》計資料集《けいしりょうしゅう》（2023）」によると、人口密度《じんこうみつど》がいちばん低《ひく》いのは北海道《ほっかいどう》です。

北海道
うん！ でっかいどうー
大きいねー
香川県

長い駅名《えきめい》ナンバーワンは

トヨタモビリティ富山《とやま》G《ジー》スクエア五福前《ごふくまえ》（五福末広町《ごふくすえひろちょう》）駅《えき》

全国《ぜんこく》には9000を超《こ》える駅《えき》があります。その中で日本一長い駅名《えきめい》は、富山《とやま》市内《しない》を走る富山《とやま》地方《ちほう》鉄道《てつどう》の「トヨタモビリティ富山《とやま》G《ジー》スクエア五福前《ごふくまえ》（五福末広町《ごふくすえひろちょう》）」駅《えき》で、字数25字、音読数は32もあります。

同駅《どうえき》はもともと「新富山《しんとやま》」駅《えき》という駅名《えきめい》だったのですが、ネーミングライツ（命名権《めいめいけん》）をもつようになった企業《きぎょう》、富《と》山《やま》トヨペットにより、「富山《とやま》トヨペット本社前（五福末広《ごふくすえひろ》町《ちょう》）」駅《えき》に2015年に改称《かいしょう》されました。そして、その富山《とやま》トヨペットが、2021年に富山《とやま》トヨタ自動車《じどうしゃ》などと合併《がっぺい》して、新会社「トヨタモビリティ富山《とやま》」となったため、こんなに長い駅名《えきめい》になったのです。

この駅《えき》に次《つ》いで、駅名《えきめい》が長いのは、17字のディズニーリゾートラインの「リゾートゲートウェイ・ステーション」駅《えき》と「東京《とうきょう》ディズニーランド・ステーション」駅《えき》（千葉県《ちばけん》）、京福電気鉄道《けいふくでんきてつどう》の「等持院《とうじいん》・立命館大学衣笠《りつめいかんだいがくきぬがさ》キャンパス前」駅《えき》（京都府《きょうとふ》）です。

逆《ぎゃく》に、日本一短《みじか》い駅名《えきめい》は、JR《ジェイアール》と近鉄《きんてつ》の「津《つ》」駅《えき》（三重県《みえけん》）で、字数・音読数ともに1字です。

ホームまでの階段数《かいだんすう》ナンバーワンは

群馬県《ぐんまけん》の「日本一のモグラえき」

「日本一のモグラえき」という、少しかわった呼《よ》び名《な》がつけられている駅《えき》があります。駅《えき》の正式《せいしき》な名前は「土合《どあい》」駅《えき》。群馬県《ぐんまけん》のいちばん北にあるJR《ジェイアール》の無人駅《むじんえき》です。

駅舎《えきしゃ》は標高《ひょうこう》653・7メートルの地上にあり、下り線のホームは、新清水《しんしみず》トンネルの中に設置《せっち》されていて、海抜《かいばつ》583メートルの場所にあります。その標高差《ひょうこうさ》はなんと70・7メートルです。

駅舎《えきしゃ》から土合駅《どあいえき》の下り線ホームに行くには、連絡通路《れんらくつうろ》まで24段《だん》、下り線ホームまで462段《だん》、合計486段《だん》もの階《かい》段《だん》を下りなければならず、時間にすると約《やく》10分かかる日本一の階《かい》段《だん》数《すう》です。改《かい》札《さつ》口《ぐち》からホームへむかう案《あん》内《ない》板《ばん》には階《かい》段《だん》数《すう》や所《しょ》要《よう》時《じ》間《かん》について注《ちゅう》意《い》書《が》きがしめされているほどです。こうしたことから「日本一のモグラえき」と呼《よ》ばれているのです。

重《おも》いだいこんナンバーワンは

「桜島《さくらじま》だいこん」じゃない!?

寒《さむ》くなると食べたくなる「おでん」の具《ぐ》として人気の「だいこん」。焼《や》き魚《ざかな》や天ぷらなどをおいしく食べられるだいこんおろしもいいですね。スーパーマーケットなどでよく売られている青首だいこんは、重《おも》さ1キログラム、断面《だんめん》が直径《ちょっけい》8センチメートルほどの細長いものです。それに対《たい》して、鹿児島県《かごしまけん》の伝統野菜《でんとうやさい》「桜島《さくらじま》だいこん」は、重《おも》さ10キログラム、断面《だんめん》の直径《ちょっけい》30センチメートルほどにもなる、とにかく大きく丸いだいこんです。大きさがじまんの桜島《さくらじま》だいこんの中で、特《とく》に重《おも》かったのが2003年に生《せい》産《さん》されたもの。重《おも》さ31・1キログラム、胴回《どうまわ》りが119センチメートルもありました。このだいこんは、世界一重《せかいいちおも》いだいこんとしてギネス世界記録《せかいきろく》に認定《にんてい》されました。ところが2023年、桜島《さくらじま》だいこんと青首だいこんをかけ合わせた新しい品《ひん》種《しゅ》のだいこんが桜島《さくらじま》だいこんの記録《きろく》を大きくぬりかえたのです。その重《おも》さはなんと、45・865キログラムもありました。

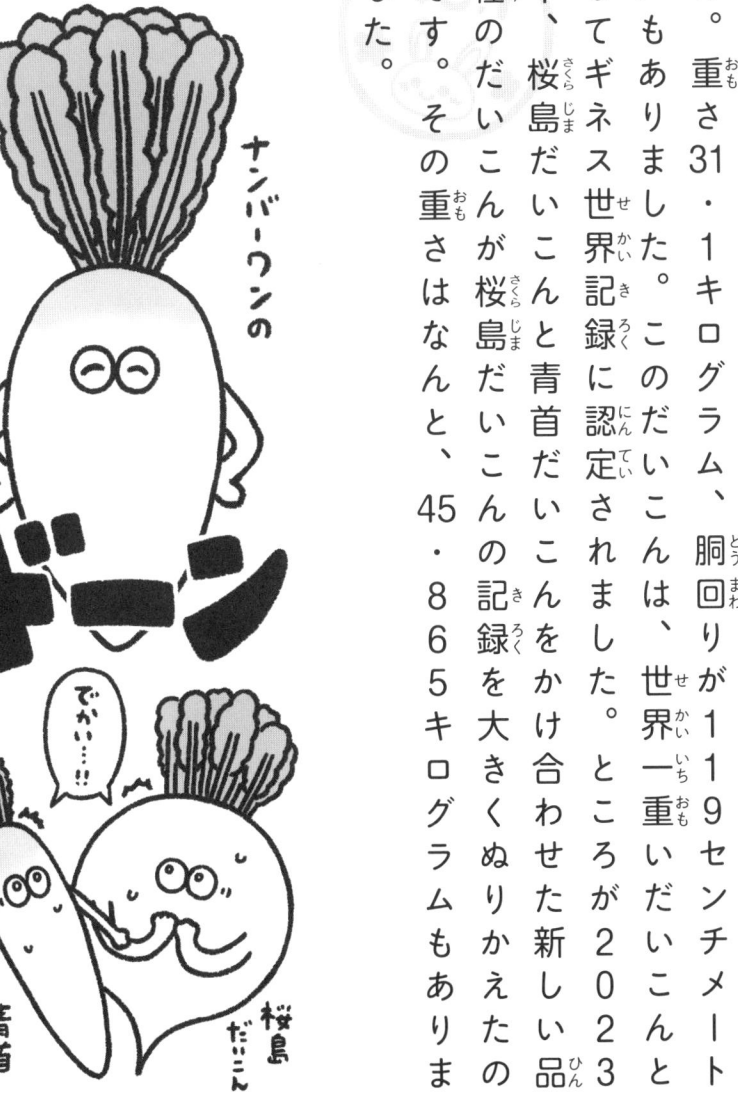

いちばん長い高速道路《こうそくどうろ》は「おつかれさまでした」の看板《かんばん》がある

東北自動車道《とうほくじどうしゃどう》

日本でいちばん長い高速道路《こうそくどうろ》は東北自動車道《とうほくじどうしゃどう》。埼玉県《さいたまけん》川口市《かわぐちし》を始《はじ》まりとして、群馬県《ぐんまけん》・栃木県《とちぎけん》・福島県《ふくしまけん》・宮城県《みやぎけん》・岩手県《いわてけん》・秋田県《あきたけん》を通り、青森県《あおもりけん》青森市《あおもりし》までつづいています。2023年11月現在《げんざい》全長《ぜんちょう》約《やく》680キロメートルで、2位《い》の中国自動車道《ちゅうごくじどうしゃどう》（全長《ぜんちょう》約《やく》540キロメートル）より100キロメートル以上《いじょう》も長く、圧倒的《あっとうてき》1位《い》をほこります。長い東北自動車道《とうほくじどうしゃどう》の終点《しゅうてん》には「おつかれさまでした」の看板《かんばん》があり、ドライバーをねぎらってくれています。中国自動車道《ちゅうごくじどうしゃどう》は、大阪府吹田市《おおさかふすいたし》を起点《きてん》に、兵庫県《ひょうごけん》・岡山県《おかやまけん》・

広島県《ひろしまけん》・島根県《しまねけん》を通って山口県《やまぐちけん》下関市《しものせきし》までつづく高速道路《こうそくどうろ》です。

反対《はんたい》に、日本でいちばん短《みじか》い高速道路《こうそくどうろ》は新空港自動車道《しんくうこうじどうしゃどう》（千葉県成田市《ちばけんなりたし》）です。東関東自動車道《ひがしかんとうじどうしゃどう》から分かれて成田国際空港《なりたこくさいくうこう》へむかう自動車道《じどうしゃどう》で、約《やく》4キロメートルしかありません。

ちなみに全国《ぜんこく》の高速道路《こうそくどうろ》の総延長《そうえんちょう》は「道路統計年報《どうろとうけいねんぽう》2022」によると約《やく》9286キロメートルです。

E4 東北自動車道
TOHOKU EXP
全長 680 km
終点
おつかれさまでした
おつかれ～

大《おお》きな湖《みずうみ》ナンバーワンの琵琶湖《びわこ》は

400万年前は三重県《みえけん》にあった!

日本でいちばん大きな湖《みずうみ》である「琵琶湖《びわこ》」。実《じつ》は日本一大きな湖《みずうみ》というだけでなく、日本で最古《さいこ》の湖《みずうみ》であることを知っていますか? 湖《みずうみ》には川から水といっしょに砂《すな》やどろなどが流《なが》れてきて埋《う》め立《た》てられてしまうため、数千年から数万年でなくなってしまうといわれています。しかし、中には長いあいだなくならない湖《みずうみ》もあります。10万年以《い》上《じょう》の歴《れき》史《し》がある湖《みずうみ》のことを「古《こ》

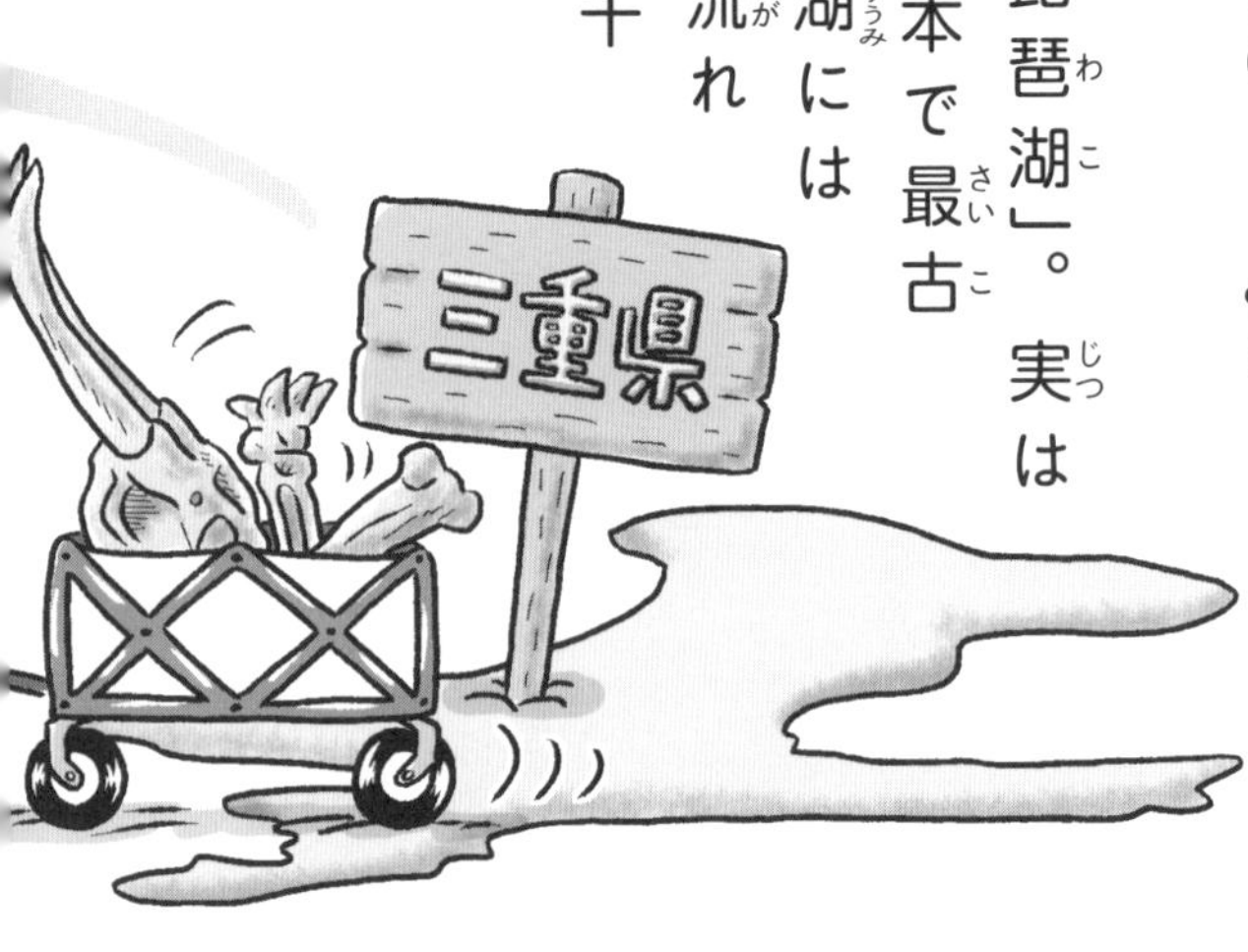

代《だい》湖《こ》」と呼《よ》びます。約《やく》400万年前にできた琵《び》琶《わ》湖《こ》は、日本でただ1つの古《こ》代《だい》湖《こ》で、周《しゅう》辺《へん》からはコウガゾウなど、いろいろなゾウの化《か》石《せき》もみつかっています。

滋《し》賀《が》県《けん》にある琵《び》琶《わ》湖《こ》ですが、生まれたのは三《み》重《え》県《けん》伊《い》賀《が》市《し》あたり。それから少しずつ形をかえながら移《い》動《どう》していき、約《やく》40万年前に今の場《ば》所《しょ》とすがたになりました。

琵《び》琶《わ》湖《こ》の大きさは約《やく》670平《へい》方《ほう》キロメートルで、滋《し》賀《が》県《けん》の面《めん》積《せき》の約《やく》6分の1になります。東《とう》京《きょう》23区《く》もすっぽり入ってしまう大きさです。

超深海《ちょうしんかい》の体積《たいせき》ナンバーワンは

日本!

沿岸国《えんがんこく》は海の資源《しげん》をしらべたり、漁業《ぎょぎょう》をしたり、海の環境《かんきょう》を守《まも》ったりする活動《かつどう》を自由《じゆう》におこなうために、「この海の資源《しげん》は、自分たちの国のものです」と宣言《せんげん》できる排他的《はいたてき》経済水域《けいざいすいいき》（EEZ《イーイーゼット》）を、領海《りょうかい》の基線《きせん》からその外側《そとがわ》200海里《かいり》（約《やく》370キロメートル）までの範囲《はんい》でみとめられています。

海洋《かいよう》に関《かん》する200海里水域《かいりすいいき》の体積《たいせき》は、さまざまな条件《じょうけん》のもとで計算《けいさん》されます。その条件《じょうけん》のちがいで算出《さんしゅつ》されるデータに差《さ》がでますが、水深《すいしん》6000メートル以深《いしん》の超深《ちょうしん》海《かい》の体積《たいせき》は、日本が世界《せかい》ナンバーワンであることはまちがいないようです。

深海《しんかい》は水深《すいしん》200メートルより深《ふか》い海のことで、海の95パーセントをしめています。深海《しんかい》はどこの国のものでもないとされていますが、200海里《かいり》水域《すいいき》に深海《しんかい》が多くある日本は、地球環《ちきゅうかん》境《きょう》を知る上で大切な、深《しん》層海流《そうかいりゅう》や、生物《せいぶつ》、深海《しんかい》のごみ（深海《しんかい》デブリ）の調《ちょう》査《さ》などで、重要《じゅうよう》な役割《やくわり》をはたすことができます。

水深《すいしん》6500メートルの深海《しんかい》では小指《こゆび》の先におすもうさんが4人くらい乗《の》っかるほどの圧力《あつりょく》（押《お》さえつける力）になるよ。水の力おそるべし！

短《みじか》い川ナンバーワンは その名も「ぶつぶつ川」

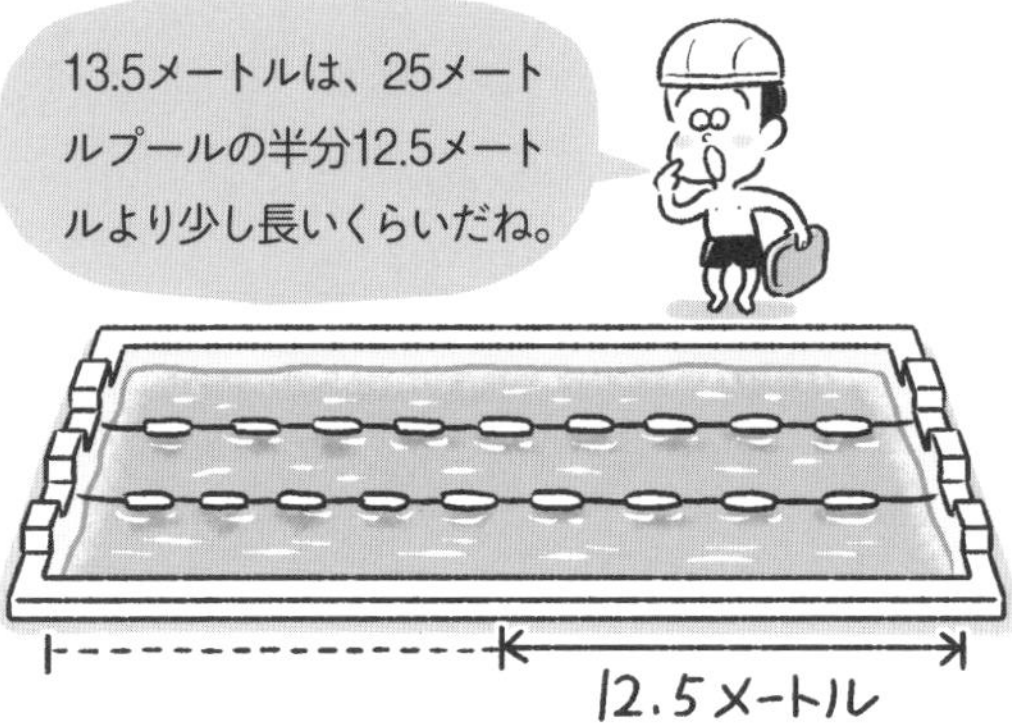
13.5メートルは、25メートルプールの半分12.5メートルより少し長いくらいだね。
12.5メートル

日本でいちばん短《みじか》い川は、和《わ》歌《か》山《やま》県《けん》の那《な》智《ち》勝《かつ》浦《うら》町《ちょう》にある「ぶつぶつ川」。全《ぜん》長《ちょう》はたった13・5メートルしかないのですが、2008年に二《に》級《きゅう》河《か》川《せん》（都《と》道《どう》府《ふ》県《けん》が管《かん》理《り》する川）に指《し》定《てい》されて以《い》来《らい》、日《に》本《ほん》一《いち》短《みじか》い指《し》定《てい》河《か》川《せん》です。

「ぶつぶつ」というかわった名前は、気《き》泡《ほう》をともなって川《かわ》底《ぞこ》から「ふつふつ」と水がわき出るようすからつけられ、「ふつふつ」がなまって「ぶつぶつ」になったといわれています。

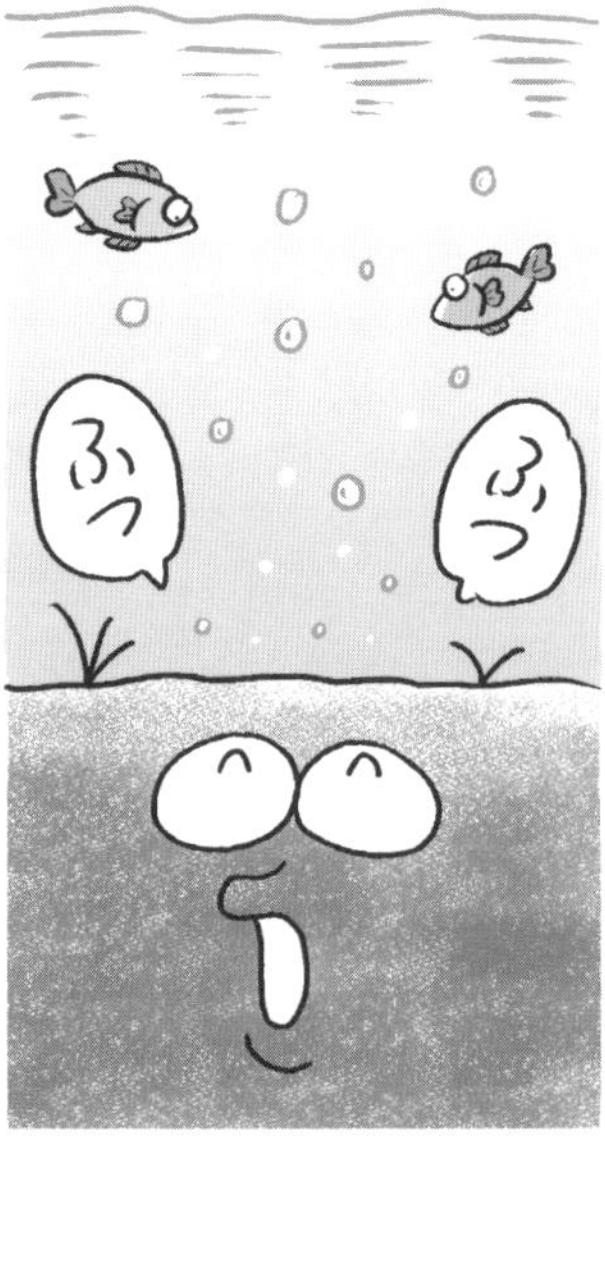
ふつ
ふつ

きれいなわき水を水源《すいげん》としていることから、昔《むかし》から野菜《やさい》などをあらう生活用水として使《つか》われています。今でも水がきれいなのは、地元の人たちや自治体《じちたい》が川《かわ》周辺《しゅうへん》の草かりや清掃《せいそう》活動《かつどう》などをおこない、川の環境《かんきょう》を守《まも》っているからです。

ちなみに、日本一長い川は一級《いっきゅう》河川《かせん》（国が管理《かんり》する川）の信濃川《しなのがわ》です。2位《い》は関東《かんとう》地方《ちほう》の利根川《とねがわ》、3位《い》は北海道《ほっかいどう》の石狩川《いしかりがわ》です。

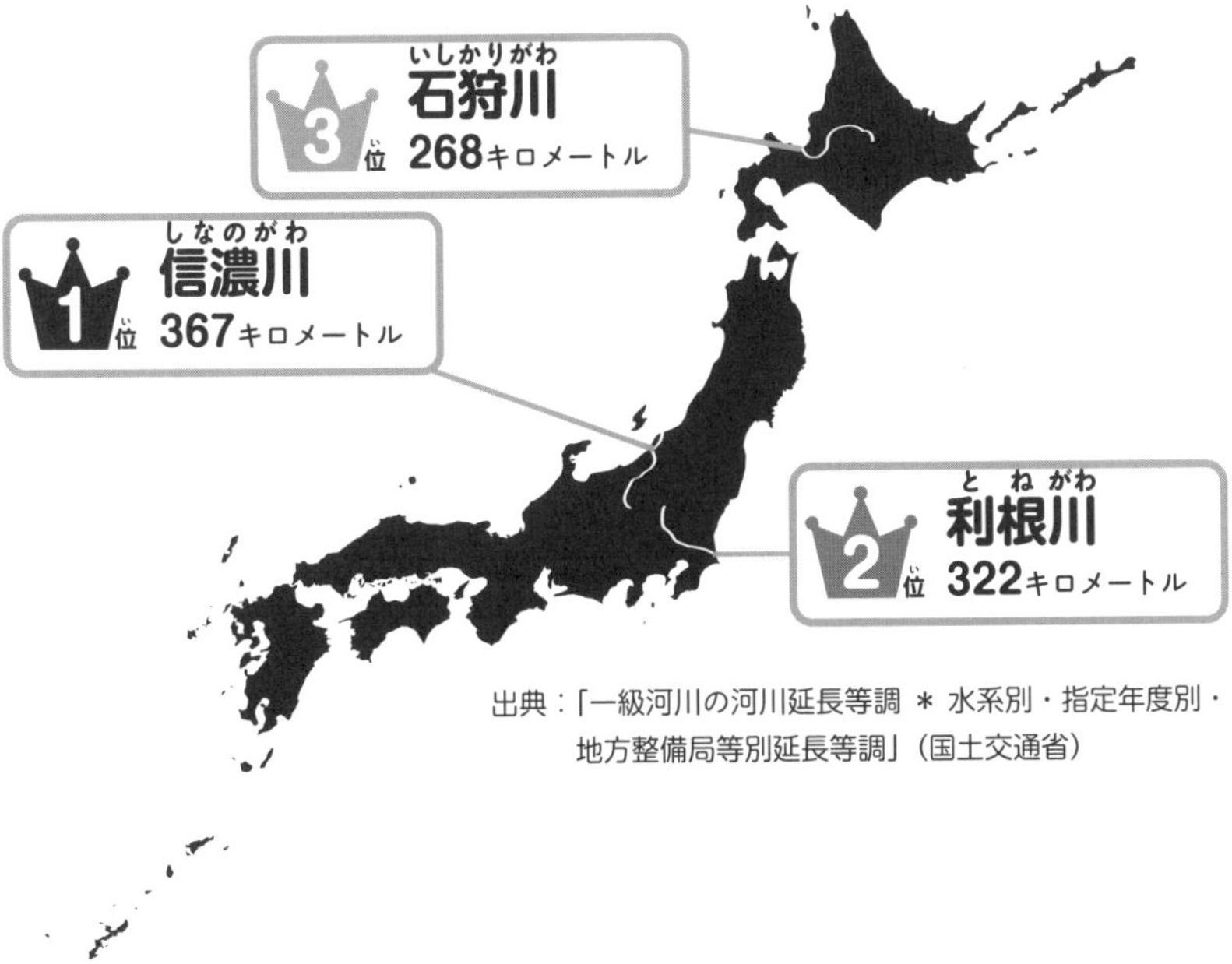
石狩川《いしかりがわ》
3位《い》 268キロメートル
信濃川《しなのがわ》
1位《い》 367キロメートル
利根川《とねがわ》
2位《い》 322キロメートル
出典：「一級河川の河川延長等調 ＊ 水系別・指定年度別・地方整備局等別延長等調」（国土交通省）

Social Studies

長いつり橋《ばし》ナンバーワンは

明石海峡大橋《あかしかいきょうおおはし》

日本でいちばん長いつり橋《ばし》は、兵庫県神戸市《ひょうごけんこうべし》と淡路島《あわじしま》を結《むす》ぶ明石海峡大橋《あかしかいきょうおおはし》です。つり橋《ばし》の規模《きぼ》をしめす「主塔《しゅとう》と主塔《しゅとう》のあいだの距離《きょり》」は1991メートルあります。橋《はし》をささえる主塔《しゅとう》の高さは、神奈川県《かながわけん》にある横浜《よこはま》ランドマークタワー（296メートル）と同じく

日本一の長いつり橋《ばし》、明石海峡大橋《あかしかいきょうおおはし》。

らいの2977メートルもあります。橋《はし》の上は自動車専用道路《じどうしゃせんようどうろ》になっています。

明石海峡大橋《あかしかいきょうおおはし》は、本州《ほんしゅう》と四国地方をつなぐ本州四国連絡架橋事業《ほんしゅうしこくれんらくかきょうじぎょう》の1つとして建設《けんせつ》され、およそ10年の歳月《さいげつ》をかけて1998年に完成《かんせい》しました。夜間にはライトアップされ、しんじゅを連《つら》ねたようなその美《うつく》しさから、「パールブリッジ」とも呼《よ》ばれます。

また、高架橋《こうかきょう》（道路《どうろ》などをまたぐようにして地上にかける橋《はし》）をのぞいた橋長《きょうちょう》では、明石海峡大橋《あかしかいきょうおおはし》は3911メートルと、日本で2位《い》。1位《い》は東京湾《とうきょうわん》の中央部《ちゅうおうぶ》を横断《おうだん》し、神奈川県川崎市《かながわけんかわさきし》と千葉県木更津市《ちばけんきさらづし》を結《むす》ぶ東京湾《とうきょうわん》アクアラインにかかる4424メートルの「アクアブリッジ」です。

Social Studies

長い海底道路《かいていどうろ》トンネルナンバーワンは

アクアトンネル

東京湾《とうきょうわん》を横断《おうだん》して神奈川県《かながわけん》川崎市《かわさきし》と千葉県《ちばけん》木更津市《きさらづし》を結《むす》ぶ自動車専用《じどうしゃせんよう》の有料道路《ゆうりょうどうろ》「東京湾《とうきょうわん》アクアライン」のうち、川崎市側《かわさきしがわ》の「アクアトンネル」は日本でいちばん長い海底《かいてい》道路《どうろ》トンネルです。全長《ぜんちょう》9・5キロメートルで、海底道路《かいていどうろ》トンネルとしては世界《せかい》でもいちばんの長さです。建設当《けんせつとう》時《じ》、世界最大級《せかいさいだいきゅう》だった、外径約《がいけいやく》14メートルもあるシールドマシン（掘削機械《くっさくきかい》）を使《つか》ってつくられ、1997年に開通《かいつう》しました。

アクアトンネルの中央部《ちゅうおうぶ》には「風の塔《とう》」と呼《よ》ばれる人工《じんこう》

島《じま》があり、アクアトンネルとアクアブリッジの接点《せってん》には、日本初《にほんはつ》となる海上の休憩施設《きゅうけいしせつ》「海ほたるパーキングエリア」がある人工島《じんこうじま》もあります。

ちなみに、日本一長い道路《どうろ》トンネルは18・2キロメートルの山手《やまて》トンネルで、都心《としん》を回る首都高速道路中央環状線《しゅとこうそくどうろちゅうおうかんじょうせん》の西側部分《にしがわぶぶん》にあたります。また、日本一長い鉄道《てつどう》トンネルは、津軽海峡《つがるかいきょう》を縦断《じゅうだん》して本州《ほんしゅう》と北海道《ほっかいどう》を結《むす》ぶ53・85キロメートルの青函《せいかん》トンネルで、北海道新幹線《ほっかいどうしんかんせん》や貨物列車《かもつれっしゃ》などが走行しています。

海ほたるパーキングエリアでは、海底《かいてい》トンネルの掘削《くっさく》に使用《しよう》したシールドマシンのカッター（実物《じつぶつ》）を、そのままモニュメントとして展示《てんじ》している。

Social Studies

ごみが少ない都《と》道《どう》府《ふ》県《けん》ナンバーワンは

京《きょう》都《と》府《ふ》

日《に》本《ほん》全《ぜん》体《たい》のごみ排《はい》出《しゅつ》量《りょう》は4095万トン（2021年《ねん》度《ど》時《じ》点《てん》）で、東《とう》京《きょう》ドームの約《やく》110杯《ぱい》分《ぶん》にもなります。ごみの総《そう》排《はい》出《しゅつ》量《りょう》の最《もっと》も多かった2000年《ねん》度《ど》の5483万トンと比《くら》べると、総《そう》排《はい》出《しゅつ》量《りょう》が減《げん》少《しょう》していますが、まだまだ減《へ》らしていく必《ひつ》要《よう》があります。1人1日当たりのごみの排《はい》出《しゅつ》量《りょう》は890グラムで、ごみの排《はい》出《しゅつ》量《りょう》を都《と》道《どう》府《ふ》県《けん》別《べつ》にみると、1人が1日に出すごみの排《はい》出《しゅつ》量《りょう》がいちばん少ないのは京《きょう》都《と》府《ふ》。2位《い》長《なが》野《の》県《けん》、3位《い》滋《し》賀《が》県《けん》、4位《い》神《か》奈《な》川《がわ》県《けん》とつづき、意《い》外《がい》にも5位《い》に東《とう》京《きょう》都《と》がランクインしています。

1位《い》	京都府《きょうとふ》	775グラム
2位《い》	長野県《ながのけん》	800グラム
3位《い》	滋賀県《しがけん》	809グラム
4位《い》	神奈川県《かながわけん》	819グラム
5位《い》	東京都《とうきょうと》	829グラム
・・・		
47位《い》	富山県《とやまけん》	1032グラム

出典：「日本の廃棄物処理 令和3年度版」（環境省）

京都市《きょうとし》では、ごみ半減《はんげん》を目指《めざ》す「しまつのこころ条例《じょうれい》」や「京《みやこ》・資源《しげん》めぐるプラン－京都市《きょうとし》循環型《じゅんかんがた》社会推進《しゃかいすいしん》基本計画《きほんけいかく》（2021-2030）－」という計画にもとづいて、ごみの削減《さくげん》に取《と》り組《く》んでいる。

長野県《ながのけん》は、2014年から2019年まで６年連続《れんぞく》でナンバーワンだった。現在《げんざい》は「１人１日当たりのごみ排出量《はいしゅつりょう》790グラム」の達成《たっせい》を目指《めざ》し、「信州《しんしゅう》プラスチックスマート運動《うんどう》」と食《た》べ残《のこ》しを減《へ》らすための「食品《しょくひん》ロス削減《さくげん》」という２つの取《と》り組《く》みを進《すす》めている。

大きいため池ナンバーワンは

お坊《ぼう》さんが修復《しゅうふく》した満濃池《まんのういけ》

日本一大きいため池である香川県《かがわけん》まんのう町の満濃池《まんのういけ》。この池を修復《しゅうふく》したとされているのが、香川県《かがわけん》の多度郡方田郷《たどのこおりかただごう》屏風ヶ浦《びょうぶがうら》（現在《げんざい》の善通寺市《ぜんつうじし》）で生《う》まれた空海《くうかい》（弘法大師《こうぼうだいし》）というお坊《ぼう》さんです。もともと、満濃池《まんのういけ》は、大宝年間《たいほうねんかん》の701～704年に、当時の讃岐《さぬき》の国守《こくしゅ》である道守朝臣《みちもりあそん》によってつくられたといわれています。しかし、818（弘《こう》仁《にん》9）年に洪水《こうずい》で堤防《ていぼう》がこわれ、たくさんの田んぼや畑《はたけ》が流《なが》されてしまいました。急《いそ》いで堤防《ていぼう》をなおそうとしましたが、池が大きすぎたのと修理《しゅうり》をする人が少なかったため、工事《こうじ》のスタートから1年たっても、修復《しゅうふく》できませんでした。そこで関係者《かんけいしゃ》が協議《きょうぎ》して、池のある讃岐《さぬき》出身《しゅっしん》であり、徳《とく》（その人の品性《ひんせい》のようなもの）が高いと評判《ひょうばん》だった空海《くうかい》の力を借《か》りることにしたのです。空海《くうかい》は唐《とう》（中国の王朝《おうちょう》）で学んだ土木の知《ち》識《しき》をいかして工事《こうじ》を進《すす》めただけでなく、堤《つつみ》の東側《ひがしがわ》にあった小さな丘《おか》の上にすわり、毎日護摩《ごま》※をたき、仏《ほとけ》に工事《こうじ》の成功《せいこう》をいのりました。そのかいあって、工事《こうじ》は無事《ぶじ》終《お》わり、日本一大きいため池は完成《かんせい》しました。

※護摩《ごま》…火をおこして仏《ほとけ》に祈《いの》る儀式《ぎしき》。

長寿《ちょうじゅ》ナンバーワンの戦国武将《せんごくぶしょう》は滝川益氏《たきがわますうじ》!?

全国《ぜんこく》の大名たちが、自分の領地《りょうち》を拡大《かくだい》するため、戦《たたか》いをくりかえしていた戦国時代《せんごくじだい》。その当時の平均寿命《へいきんじゅみょう》は30代後《だいこう》半《はん》であったとされています。

そのような中、長寿《ちょうじゅ》をまっとうした人物《じんぶつ》でいちばん寿命《じゅみょう》が長かったのは滝川益氏《たきがわますうじ》という説《せつ》があります。益氏《ますうじ》は、織《お》田《だ》信長《のぶなが》につかえた滝川一益《たきがわかずます》の一族《いちぞく》で、100歳《さい》を超《こ》えて長生きしたといわれています。戦国時代《せんごくじだい》の武将《ぶしょう》は、そのイメージとはうらはらに意外《いがい》に長生きした人も多くいたようです。

ちなみに、江戸幕府《えどばくふ》を開《ひら》いた徳川家康《とくがわいえやす》は75歳《さい》まで生《い》きました。本能寺の変で亡《な》くなった織《お》田《だ》信《のぶ》長《なが》の49歳《さい》、病《びょう》気《き》で亡《な》くなった豊《とよ》臣《とみ》秀《ひで》吉《よし》の62歳《さい》に比《くら》べるととても長《なが》いですね。実《じつ》は家《いえ》康《やす》はかなりの健《けん》康《こう》オタクで、「長《ちょう》命《めい》こそ勝《か》ち残《のこ》りの源《みなもと》である」と語り、独《どく》自《じ》の健《けん》康《こう》法《ほう》をおこなっていたといわれています。大すきな鷹《たか》狩《が》りに出かけて、日ごろから体を動《うご》かしていました。食《しょく》事《じ》にも気を使《つか》っています。将《しょう》軍《ぐん》だからぜいたくな食《しょく》事《じ》が多そうですが、素《そ》食《しょく》が中心で麦《むぎ》飯《めし》とみそ汁《しる》をこのみ、旬《しゅん》の物《もの》やその土地でとれる物《もの》を食《た》べていたそうです。

益氏《ますうじ》くんは何歳《なんさい》まで生きたの？　ぼくは75歳《さい》！
ぼくは、何歳《なんさい》だったかなぁ……。
滝川益氏《たきがわますうじ》の年齢《ねんれい》は諸説《しょせつ》あり、108歳《さい》まで生きたのではという説《せつ》もある。

天守《てんしゅ》の古さナンバーワンは国宝《こくほう》なのに

ずっと個人《こじん》の持《も》ち物《もの》だった犬山城《いぬやまじょう》

「城《しろ》」と呼《よ》ばれる建築物《けんちくぶつ》は古代《こだい》からありましたが、城《しろ》の象徴《しょうちょう》として天守《てんしゅ》がさかんにつくられたのは、戦国時代《せんごくじだい》から江戸時代《えどじだい》にかけてです。現存《げんそん》する天守《てんしゅ》は、全国《ぜんこく》に12ありま す。

そのうち、天守《てんしゅ》ができたのがいちばん古いのは愛知県《あいちけん》にある犬山城《いぬやまじょう》で、1585～1590年ごろに築《きず》かれたとされています。もともとは織田信長《おだのぶなが》の叔父《おじ》によってつくられた城《しろ》で、豊臣秀吉《とよとみひでよし》も入城《にゅうじょう》したと伝《つた》えられています。明治時《めいじじ》代《だい》に地震《じしん》によって天守《てんしゅ》がこわれてしまったため、県《けん》から旧《きゅう》藩主《はんしゅ》の成瀬《なるせ》家《け》にゆずられました。それ以来《いらい》、日本で唯一《ゆいいつ》の個人《こじん》所有《しょゆう》の城《しろ》として保存《ほぞん》されてきましたが、2004年以降《いこう》は財《ざい》団法人《だんほうじん》の所有《しょゆう》となっています。

2位《い》は1593～1594年ごろに築《きず》かれたとされる松本城《まつもとじょう》（長野県《ながのけん》）、3位《い》は1607年ごろに完《かん》成《せい》した彦根城《ひこねじょう》（滋賀県《しがけん》）です。いずれも犬山城《いぬやまじょう》とともに国宝《こくほう》に指定《してい》されています。

小高い山の上にある犬山城《いぬやまじょう》。

お金《かね》持《も》ちの藩《はん》ナンバーワンは

年収《ねんしゅう》400億円《おくえん》の加賀藩《かがはん》

江戸時代《えどじだい》には、徳川幕府《とくがわばくふ》のもと、「藩《はん》」が全国《ぜんこく》に250ほどおかれていました。そして、各藩《かくはん》をおさめる大名の力は、その領地《りょうち》で1年間に取《と》れた米の生産高《せいさんだか》を表《あらわ》す「石高《こくだか》」という単位《たんい》でしめされました。

約《やく》250もの藩《はん》のうち、石高《こくだか》が最《もっと》も多かったのは加賀藩《かがはん》(現在《げんざい》の石川県《いしかわけん》)。102万石《まんごく》ほどもあり、「加賀百万石《かがひゃくまんごく》」と呼《よ》ばれました。今のお金に換算《かんさん》すると、加賀藩《かがはん》の1年間の収入《しゅうにゅう》は400億円《おくえん》ぐらいであったとされています。超《ちょう》お金持《かねも》ちですね。

加賀藩《かがはん》は、織田信長《おだのぶなが》や豊臣秀吉《とよとみひでよし》につかえた前田利家《まえだとしいえ》が基礎《きそ》を築《きず》いた藩《はん》です。その子の利長《としなが》が関《せき》ヶ《が》原《はら》の戦《たたか》いで徳川家《とくがわけ》について勝利《しょうり》したあと、領地《りょうち》を拡大《かくだい》するなどして圧倒的《あっとうてき》な富《とみ》をえるようになりました。

2位《い》は73万石《まんごく》の薩摩藩《さつまはん》（現在《げんざい》の鹿児島県《かごしまけん》）、3位《い》は62万《まん》石《ごく》の仙台藩《せんだいはん》（現在《げんざい》の宮城県《みやぎけん》）です。薩摩藩《さつまはん》出身《しゅっしん》の人物《じんぶつ》としては、幕末《ばくまつ》にかつやくした西郷隆盛《さいごうたかもり》や大久保利通《おおくぼとしみち》が有名《ゆうめい》です。仙台藩《せんだいはん》をおこしたのは「独眼竜《どくがんりゅう》」でその名を知られる伊達政宗《だてまさむね》です。

利家自身《としいえじしん》は、豊臣秀吉《とよとみひでよし》の重臣《じゅうしん》として京《きょう》・大坂《おおさか》にいることが多く、江戸時代《えどじだい》の前田氏《まえだし》が居城《きょじょう》とした金沢城《かなざわじょう》を、1599（慶長《けいちょう》4）年に亡《な》くなるまで留守《るす》にしていることがほとんどだった。

大きい古墳《こふん》ナンバーワンは
全長《ぜんちょう》があのピラミッドより長い

仁徳天皇陵古墳《にんとくてんのうりょうこふん》

古墳《こふん》というのは、3世紀《せいき》後半《こうはん》～7世紀《せいき》ごろにつくられた天皇《てんのう》や豪族《ごうぞく》などの墳丘《ふんきゅう》（土をつみ上げた丘《おか》）をもつ墓《はか》です。

古墳《こふん》のうち、いちばん大きいのは大阪府《おおさかふ》にある仁徳天皇《にんとくてんのう》陵古墳《りょうこふん》で、墳丘《ふんきゅう》の全長《ぜんちょう》は約《やく》486メートル。エジプト・ギザにあるクフ王のピラミッドは1辺《ぺん》の長さが約《やく》230メートルですから、かなり大きいですね。2位《い》は応神天皇陵古《おうじんてんのうりょうこ》墳《ふん》、3位《い》は履中天皇陵古墳《りちゅうてんのうりょうこふん》で、いずれも大阪府《おおさかふ》にあります。

建設会社《けんせつがいしゃ》の大林組《おおばやしぐみ》の試算《しさん》（1985年時点）によると、全長《ぜんちょう》500メートル近くもある仁徳天皇陵古墳《にんとくてんのうりょうこふん》をつくるには、人手は延《の》べ約《やく》680万人、工《こう》事《じ》期《き》間《かん》は約《やく》16年間、工《こう》事《じ》費《ひ》用《よう》は約《やく》8000億《おく》円《えん》が必《ひつ》要《よう》なのだそうです。これほどの人手と時間、お金を使《つか》うことができたということは、古《こ》墳《ふん》にまつられている人《じん》物《ぶつ》が、かなりの権《けん》力《りょく》をもっていたと考えられます。ちなみに、現《げん》在《ざい》の技《ぎ》術《じゅつ》で仁《にん》徳《とく》天《てん》皇《のう》陵《りょう》古《こ》墳《ふん》をつくるとすると、必《ひつ》要《よう》な人手は延《の》べ約《やく》3万人、工《こう》事《じ》期《き》間《かん》は2年半、工《こう》事《じ》費《ひ》用《よう》は20億《おく》円《えん》でできるそうです。

大山古墳《だいせんこふん》または大仙陵古墳《だいせんりょうこふん》とも呼《よ》ばれる。

1位《い》 仁徳天皇陵古墳《にんとくてんのうりょうこふん》 約《やく》486メートル

2位《い》 応神天皇陵古墳《おうじんてんのうりょうこふん》 約《やく》425メートル

3位《い》 履中天皇陵古墳《りちゅうてんのうりょうこふん》 約《やく》365メートル

誉田御廟山古墳《こんだごびょうやまこふん》とも呼《よ》ばれる。

上石津《かみいしづ》ミサンザイ古墳《こふん》とも呼《よ》ばれる。

日本でいちばん古いお金は
銅《どう》でできた富本銭《ふほんせん》

日本最古《にほんさいこ》のお金は、7世紀後半《せいきこうはん》につくられた富本銭《ふほんせん》だといわれています。銅《どう》でできた直径《ちょっけい》2・4センチメートルほどの硬貨《こうか》で、現在《げんざい》の10円玉より少し大きい程度《ていど》です。同時代《どうじだい》の唐《とう》の銅銭《どうせん》「開元通宝《かいげんつうほう》」と重《おも》さ・大きさともほぼ同じ規格《きかく》でつくられています。

富本銭《ふほんせん》がはじめて考古学研究《こうこがくけんきゅう》の対象《たいしょう》になったのは奈良県《ならけん》の平城京跡《へいじょうきょうあと》で、和同開珎《わどうかいちん》というお金とともに発見《はっけん》されたの1985年のことです。和同開珎《わどうかいちん》は8世紀《せいき》はじめに発行《はっこう》されたお金で、奈良県《ならけん》の藤原京跡《ふじわらきょうあと》や大阪府《おおさかふ》の難波京跡《なにわきょうあと》などでも発見《はっけん》され、広く使《つか》われていたことがわかります。

富本銭《ふほんせん》は物《もの》と交換《こうかん》できるお金として流通《りゅうつう》していたかどうかわかっていません。仮《かり》に和同開珎《わどうかいちん》とほぼ同じ価《か》値《ち》だったと考えてみましょう。和同開珎《わどうかいちん》は、1枚《まい》で米1升《しょう》2合《ごう》（約《やく》1・8キログラム）が買えたといわれています。米の価値《かち》もちがうので、現在《げんざい》だと800円前後の感覚《かんかく》なのだそうです。当時の硬貨《こうか》は価値《かち》が高かったようです。

古い木造《もくぞう》建築物《けんちくぶつ》ナンバーワンは

法隆寺《ほうりゅうじ》

法隆寺《ほうりゅうじ》は、奈良県《ならけん》の斑鳩町《いかるがちょう》にある聖徳太子《しょうとくたいし》ゆかりの寺院《じいん》で、607年ごろにたてられたとされています。建立《こんりゅう》してから1度《ど》全焼《ぜんしょう》し、その後再建《さいけん》され711年ごろに完成《かんせい》したのが今の法隆寺《ほうりゅうじ》であるとも伝《つた》えられています。今から1300年以上前《いじょうまえ》の飛鳥時代《あすかじだい》につくられた木造建築物《もくぞうけんちくぶつ》が、現在《げんざい》もきちんと残《のこ》されていることにおどろきますね。

ピラミッドなど法隆寺《ほうりゅうじ》より古い建築物《けんちくぶつ》はありますが、法《ほう》隆寺《りゅうじ》の金堂《こんどう》や五重塔《ごじゅうのとう》、中門《ちゅうもん》などは木造《もくぞう》の建築物《けんちくぶつ》としては世界最古《せかいさいこ》です。1993年に、「法隆寺《ほうりゅうじ》地域《ちいき》の仏教建造物《ぶっきょうけんぞうぶつ》」

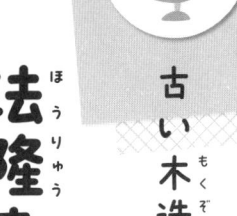

として日本《にほん》初《はつ》の世《せ》界《かい》文《ぶん》化《か》遺《い》産《さん》に法《ほっ》起《き》寺《じ》とともに登《とう》録《ろく》されました。法《ほう》隆《りゅう》寺《じ》が長い年月をへて残《のこ》っている理《り》由《ゆう》は、そのほとんどの木《もく》材《ざい》にヒノキを使《つか》い、くぎの使《し》用《よう》を最《さい》小《しょう》限《げん》にしてたてられたからだとされています。法《ほう》隆《りゅう》寺《じ》の主《しゅ》要《よう》なところはすべて樹《じゅ》齢《れい》1000年《ねん》以《い》上《じょう》のヒノキで、太い柱《はしら》はなんと樹《じゅ》齢《れい》2000年以《い》上《じょう》のヒノキが使《つか》われていたそうです。木をいかす日本の職《しょく》人《にん》の技《ぎ》術《じゅつ》は世《せ》界《かい》一《いち》といえるでしょう。

法隆寺《ほうりゅうじ》の「ふしぎ」

法隆寺《ほうりゅうじ》の南大門《なんだいもん》（正門）の手前に「鯛石《たいいし》」という魚のような形をした石があります。川がはんらんしても、川の水は鯛石《たいいし》があるところまでしかこないという言《い》い伝《つた》えがあります。そのことから南大門前《なんだいもんまえ》の鯛石《たいいし》をふむと、水難《すいなん》にあわないといわれています。

法隆寺《ほうりゅうじ》にはほかにも、建物《たてもの》にクモが巣《す》をかけないなど、さまざまな「ふしぎ」があります。

日本のお札《さつ》の登場数《とうじょうすう》ナンバーワンは

聖徳太子《しょうとくたいし》

日本のお札《さつ》（日本銀行券《にっぽんぎんこうけん》）の表面《ひょうめん》には、人物《じんぶつ》の肖像画《しょうぞうが》がすられていますよね。現在《げんざい》使《つか》われているお札《さつ》をふくめて、これまで17人の人物《じんぶつ》が登場《とうじょう》しています。

そのうち、いちばん多《おお》く登場《とうじょう》しているのは聖徳太子《しょうとくたいし》。最初《さいしょ》に登場《とうじょう》したのは、1930年に発行《はっこう》が始《はじ》まった「乙百円券《おつひゃくえんけん》」で、それ以来《いらい》、計7回使《つか》われています。

聖徳太子像《しょうとくたいしぞう》がこれだけ多くのお札《さつ》に採用《さいよう》されたのはなぜでしょうか。その理由《りゆう》として、十七条《じゅうしちじょう》の憲法《けんぽう》を制定《せいてい》したり、仏教《ぶっきょう》を保護《ほご》したり、遣隋使《けんずいし》を派遣《はけん》して中国の進《すす》んだ制《せい》度《ど》・文化《ぶんか》を取《と》り入《い》れたりするなど、数多くの業績《ぎょうせき》を残《のこ》したため、国民《こくみん》の知名度《ちめいど》が高く親しまれていることがあげられます。世界遺産《せかいいさん》の法隆寺《ほうりゅうじ》を創建《そうけん》したとも伝《つた》えられています。

2位《い》は菅原道真《すがわらのみちざね》と和気清麻呂《わけのきよまろ》で、いずれも6回です。菅原道真《すがわらのみちざね》は、平安時代《へいあんじだい》の学者《がくしゃ》・政治家《せいじか》で、「学問《がくもん》の神《かみ》さま」として親しまれています。和気清麻呂《わけのきよまろ》は、奈良時代《ならじだい》、天皇《てんのう》の位《くらい》がうばわれそうになった危機《きき》を未然《みぜん》にふせぎ、朝廷《ちょうてい》につかえた忠臣《ちゅうしん》として名高い武官《ぶかん》です。

Social Studies

古い伝統工芸品《でんとうこうげいひん》ナンバーワンは樹液《じゅえき》を使《つか》っている⁉

伝統工芸品《でんとうこうげいひん》である漆器《しっき》は漆《うるし》の木から出る樹液《じゅえき》を木や紙などにくりかえしぬり重《かさ》ねてつくられます。その歴史《れきし》は古く、縄文時代《じょうもんじだい》までさかのぼります。福井県三方上中郡《ふくいけんみかたかみなかぐん》の鳥浜貝塚《とりはまかいづか》で、約《やく》1万2600年前の漆《うるし》の木片《もくへん》がみつかっています。世界最古《せかいさいこ》の漆《うるし》といわれています。北海道函館市《ほっかいどうはこだてし》では、約《やく》9000年前の漆製品《うるしせいひん》が発見《はっけん》されています。

漆《うるし》は装飾《そうしょく》や防湿《ぼうしつ》、保護《ほご》のための塗料《とりょう》としてだけでなく、こわれた器《うつわ》などを修理《しゅうり》する接着剤《せっちゃくざい》としても使《つか》われました。その中でも欠《か》けたり、ひびの入ったりした陶磁器《とうじき》を漆《うるし》で修《しゅう》理《り》し、くっつけた部《ぶ》分《ぶん》に金《きん》粉《ぷん》をまぶす「金《きん》継《つ》ぎ」は、海外からも注《ちゅう》目《もく》される日本の伝《でん》統《とう》技《ぎ》術《じゅつ》となっています。縄《じょう》文《もん》時《じ》代《だい》から改《かい》良《りょう》がつづけられ、技《ぎ》術《じゅつ》が受《う》けつがれてきた漆《しっ》器《き》は、世《せ》界《かい》最《さい》古《こ》の伝《でん》統《とう》工《こう》芸《げい》品《ひん》といえるでしょう。

現《げん》代《だい》では、わたしたちのくらしから少しはなれている漆《うるし》ですが、環《かん》境《きょう》問《もん》題《だい》への取《と》り組《く》みが必《ひつ》要《よう》とされる今、再《さい》生《せい》可《か》能《のう》な資《し》源《げん》としても見直されています。

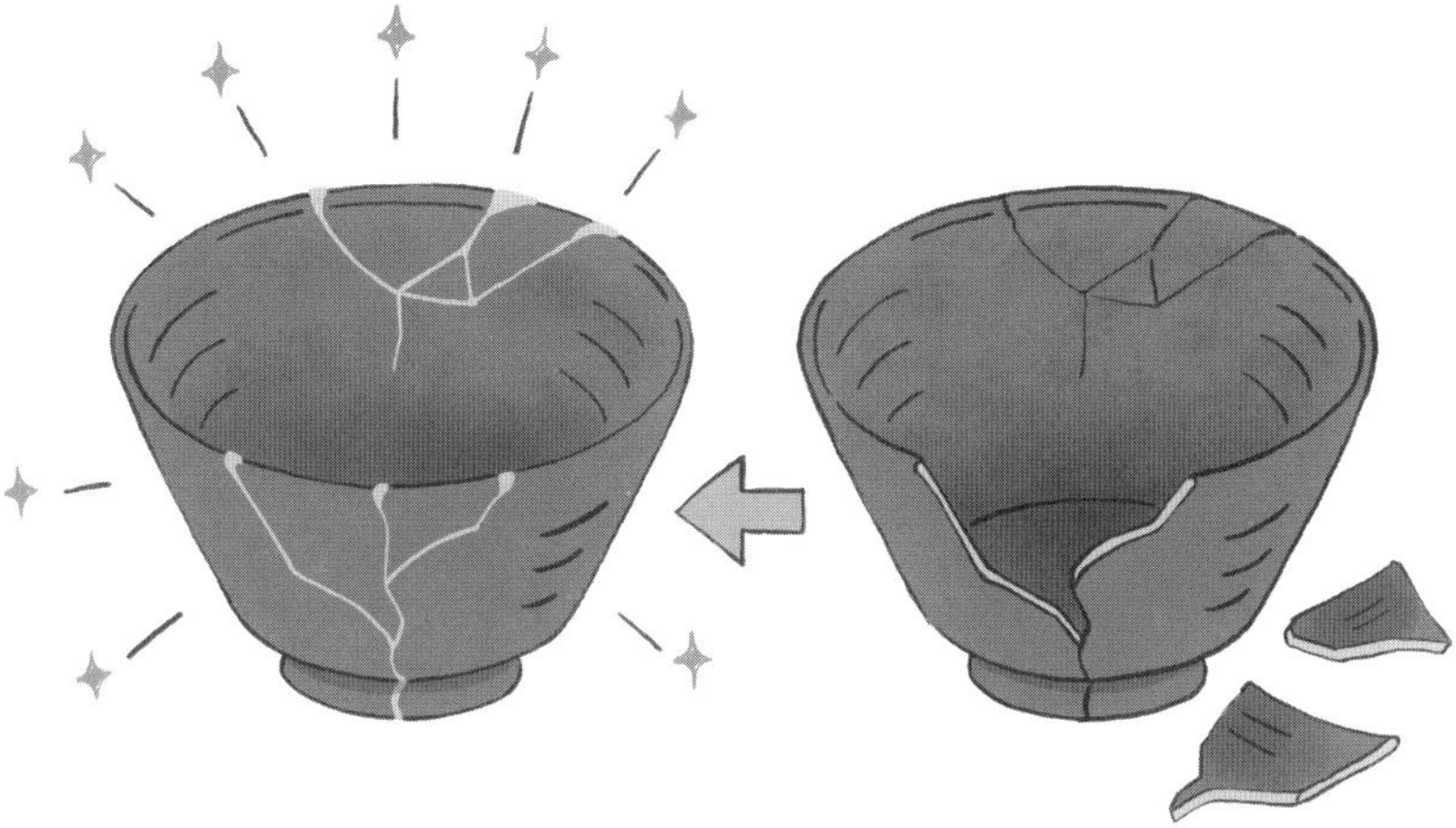

金《きん》継《つ》ぎしたところを「景色《けしき》」という。傷《きず》をなかったことにするのではなく、その金色の傷《きず》を歴史《れきし》としてとらえる考えからそのように呼《よ》ばれる。

世界一《せかいいち》の国クイズ

1

世界一乗降者数《せかいいちじょうこうしゃすう》の多《おお》い駅《えき》がある国は1～3のどれ？

1. アメリカ
2. インド
3. 日本

2

世界一《せかいいち》高い場所《ばしょ》にある天文台がある国は1～3のどれ？

1. ドイツ
2. チリ
3. ロシア

3

世界最古《せかいさいこ》の宿《やど》がある国は1～3のどれ？

1. 中国
2. トルコ
3. 日本

4

世界一《せかいいち》小さい国は1～3のどれ？

1. バチカン市国
2. モナコ公国
3. ナウル共和国《きょうわこく》

答えは127ページ

地理・歴史《れきし》
おどろき20連発《れんぱつ》

世界《せかい》の高い気温《きおん》ナンバーワンは

死《し》の谷「デスバレー」

これまで世界《せかい》で最《もっと》も高い気温《きおん》が観測《かんそく》されたのは、アメリカのデスバレーです。アメリカ国立気象局《こくりつきしょうきょく》（NWS《エヌダブリューエス》）は、1913年7月10日に、56・7℃というおどろくような気温《きおん》を観測《かんそく》したと発表《はっぴょう》しました（2023年現在《げんざい》）。

死《し》の谷という意味《いみ》のデスバレーには、地表《ちひょう》の温度《おんど》が100℃《ど》近くに達《たっ》するところもあり、一時期《いちじき》、目玉焼《めだまや》きをつくれるとして、観光客《かんこうきゃく》のあいだで有名《ゆうめい》になりました。ごみが増《ふ》えるため、国立公園局《こくりつこうえんきょく》が「地面《じめん》で目玉焼《めだまや》きをつくらないで」と呼《よ》びかけたほどです。

アフリカ大陸《たいりく》にあるチュニジアのケビリでは1931年7月7日に55・0℃《ど》、中東のクウェートのミトリーバでは2016年7月21日に53・9℃《ど》と世界各地《せかいかくち》でおどろきの気温《きおん》が観測《かんそく》されています。

ちなみに、気象庁《きしょうちょう》の2023年までのデータでは日本の歴代《れきだい》最高気温《さいこうきおん》は、1位《い》が41・1℃《ど》の熊谷市《くまがやし》（埼玉県《さいたまけん》）と浜松市《はままつし》（静岡県《しずおかけん》）、3位《い》が41・0℃《ど》の金山町《かなやまちょう》（岐阜県《ぎふけん》）、美濃市《みのし》（岐阜県《ぎふけん》）、江川崎《えかわさき》（高知県《こうちけん》）。いずれも「体温超《たいおんご》え」が記録《きろく》されました。

\Social Studies/

世界《せかい》遺産数《いさんすう》ナンバーワンは

イタリア

世界遺産《せかいいさん》とは、世界中《せかいじゅう》の人たちの大切《たいせつ》な宝物《たからもの》として未来《みらい》へ引きつぐべき、貴重《きちょう》な自然《しぜん》や、建造物《けんぞうぶつ》などの文化財《ぶんかざい》のことです。1972年にUNESCO《ユネスコ》の総会《そうかい》で採択《さいたく》された「世界《せかい》の文化《ぶんか》遺産《いさん》及《およ》び自然《しぜん》遺産《いさん》の保護《ほご》に関《かん》する条約《じょうやく》」（通称《つうしょう》「世界遺産条約《せかいいさんじょうやく》」）にもとづいて登録《とうろく》されます。世界《せかい》で1100件《けん》以上《いじょう》ある世界遺産《せかいいさん》のうち、その数がいちばん多い国は2023年12月時点では59件《けん》のイタリアです。古代《こだい》ローマ時代《じだい》の石造《せきぞう》円形《えんけい》闘技場《とうぎじょう》「コロッセオ」や水

コロッセオ。

コロッセオの内部《ないぶ》。

の都《みやこ》とも呼《よ》ばれる「ヴェネツィア」などが有名《ゆうめい》です。イタリアがいちばん多い理由《りゆう》は、歴史《れきし》が長いうえ、文化活動《ぶんかかつどう》がさかんだったことがあげられます。紀元前《きげんぜん》からローマ文明が栄《さか》え、古くからキリスト教（カトリック）の中心地となり、そして14～16世紀《せいき》にかけては人間らしい生き方を追求《ついきゅう》する文化運動《ぶんかうんどう》「ルネサンス」の中心地でもありました。

2位《い》は57件《けん》の中国で、「万《ばん》里《り》の長城《ちょうじょう》」が知られています。

Social Studies

映《え》画《いが》の制《せい》作《さく》本《ほん》数《すう》が世《せ》界《かい》一《いち》の国は
アメリカではない

映《えい》画《が》大《たい》国《こく》といえば、「ハリウッド」で有《ゆう》名《めい》なアメリカを思《おも》い浮《う》かべる人も多いと思いますが、U《ユ》N《ネ》E《ス》S《コ》COの2017年までのしらべによると映《えい》画《が》制《せい》作《さく》本《ほん》数《すう》が世《せ》界《かい》で最《もっと》も多い国は、インドなのです。インドは、1年間になんと約《やく》2000本も

インド映画《えいが》は、物語《ものがたり》の中に歌とおどりのシーンがたくさん出てくるよ！

の映画《えいが》を制作《せいさく》しています。2位《い》は中国で、アメリカは3位《い》。制作本数《せいさくほんすう》はインドの3分の1ほどです。

なぜそんなに映画《えいが》の本数が多いかというと、まず、話す言語が多いことがあげられます。インドは200を超《こ》えるといわれる言語が使《つか》われている多言語国家です。そのため、国内で、いろいろな言語の映画《えいが》がつくられています。また、インドでは、テレビの普及率《ふきゅうりつ》が低《ひく》かったため、人々《ひとびと》のおもな娯楽《ごらく》として映画《えいが》が人気となり、本数が多くなったのではという見方もあります。インドでいちばん多く映画《えいが》を制作《せいさく》しているのはムンバイ（旧名称《きゅうめいしょう》ボンベイ）という都市《とし》で、旧名称《きゅうめいしょう》とハリウッドをもじって「ボリウッド」とも呼《よ》ばれています。

Social Studies

大きい湖《みずうみ》ナンバーワンは

カスピ海

世界《せかい》でいちばん大きい湖《みずうみ》はカスピ海で、中央《ちゅうおう》アジアの、カザフスタンからイラン北部《ほくぶ》にまたがっています。面積《めんせき》は37万4000平方《へいほう》キロメートルで、日本の国土面積《こくどめんせき》と同じくらいの大きさというからおどろきです。

カスピ海が湖《みずうみ》なのに「海」という字がつけられているのは、海のように広くて、湖水《こすい》の塩分濃度《えんぶんのうど》が高いためだとされています。陸《りく》によって海とさえぎられているため、地形《ちけい》的《てき》には「湖《みずうみ》」としてあつかわれているのです。

2位《い》はスペリオル湖《こ》。北アメリカ大陸《たいりく》の五大湖《ごだいこ》の1つで、アメリカとカナダの国境《こっきょう》にあります。スペリオル湖《こ》の面積《めんせき》は8万2367平方《へいほう》キロメートルですから、カスピ海がいかに大きいかがわかりますよね。

3位《い》はアフリカ大陸《たいりく》の中央《ちゅうおう》部《ぶ》にあるビクトリア湖《こ》で、面《めん》積《せき》は6万8800平《へい》方《ほう》キロメートルです。

ちなみに、日本一大きい湖《みずうみ》は琵琶湖《びわこ》。面積《めんせき》は約《やく》670平《へい》方《ほう》キロメートルで、滋賀県《しがけん》の面積《めんせき》の約《やく》6分の1をしめています。

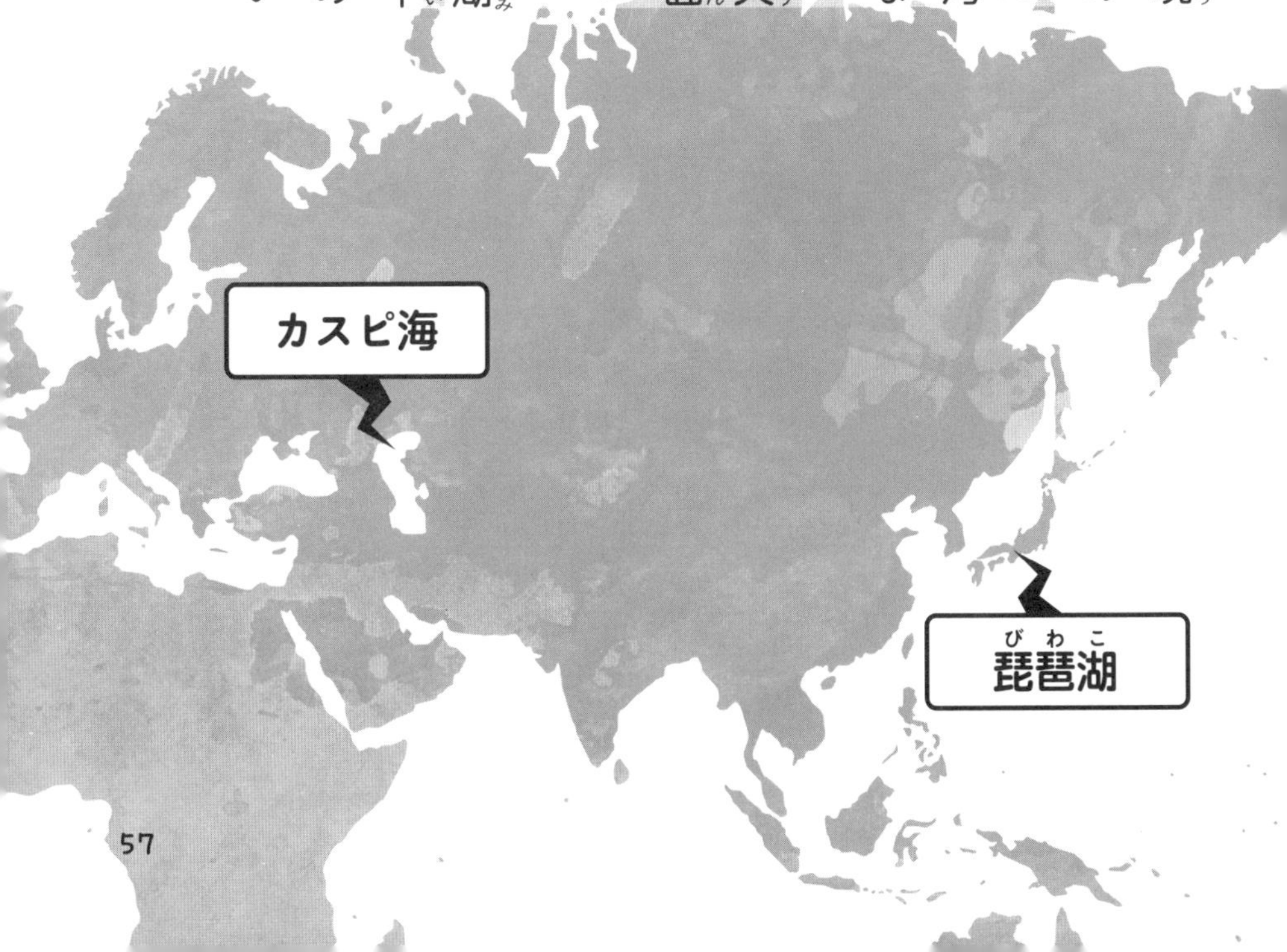

旗《はた》のデザイン変更回数《へんこうかいすう》ナンバーワンは

アメリカ

「日の丸」と呼《よ》ばれる日本の国旗《こっき》、国の象徴《しょうちょう》であるカエデの葉《は》がえがかれているカナダの国旗《こっき》。それぞれの国が特《とく》徴《ちょう》あるデザインの国旗《こっき》をさだめています。国旗《こっき》は、国の「顔」といってもいい存在《そんざい》ですが、政権交代《せいけんこうたい》などにともない変更《へんこう》されることもあります。

例《たと》えば、アフリカの小さな国であるマラウイは、政権交《せいけんこう》代《たい》をきっかけに2010年に国旗《こっき》をかえました。しかし、前の政権《せいけん》の人たちを中心に反対《はんたい》の声も多く、わずか2年でもとの国旗《こっき》にもどっています。そして、世界《せかい》で、いちばん国旗《こっき》をかえているのがアメリカ。「星条旗《せいじょうき》」と呼《よ》ばれる国旗《こっき》です。初代星条旗《しょだいせいじょうき》ができたのは、1777年6月14日です。今も昔《むかし》もかわらない、赤と白が交互《こうご》にならぶ13本のストライプは、イギリスから独《どく》立《りつ》したときの、13州《しゅう》を表《あらわ》しています。旗《はた》の青い生地の部《ぶ》分《ぶん》には、ストライプと同じく、州《しゅう》の数をしめす13個《こ》の星がならんでいました。その後、州《しゅう》が増《ふ》えるたびに星の数も増《ふ》え、1960年には50個《こ》になりました。この数になるまで、国《こっ》旗《き》のデザインは実《じつ》に27回も変《へん》更《こう》されています。

世界遺産登録《せかいいさんとうろく》の第《だい》1号《ごう》は

調味料《ちょうみりょう》の代表格《だいひょうかく》「塩《しお》」!?

アメリカのグランド・キャニオン国立公園、中国の万里《ばんり》の長城《ちょうじょう》など、世界《せかい》の名所《めいしょ》が世界遺産《せかいいさん》に登録《とうろく》されています。2023年12月の登録《とうろく》を終《お》えた時点《じてん》で、1199件《けん》もある世界遺産《せかいいさん》ですが、登録《とうろく》は1972年にUNESCO《ユネスコ》の総会《そうかい》で採択《さいたく》された世界遺産条約《せかいいさんじょうやく》にもとづいて、1978年からスタートしました。

最初《さいしょ》に登録《とうろく》されたのは12件《けん》。その中の1つに「ヴィエリチカとボフニアの王立岩塩坑群《おうりつがんえんこうぐん》」があります。ポーランドにある岩塩《がんえん》の採掘坑《さいくつこう》で、ここにある「聖《せい》キンガ礼拝堂《れいはいどう》」

は、美《うつく》しくかがやくシャンデリアや、天井《てんじょう》、かべ、床《ゆか》、祭壇《さいだん》すべてが塩《しお》でつくられています。つくったのは芸《げい》術《じゅつ》家《か》ではなく坑《こう》内《ない》員《いん》たちです。信《しん》仰《こう》のためにほったものなのだとか。2023年現《げん》在《ざい》は地下135メートルまでが一《いっ》般《ぱん》公《こう》開《かい》されています。ヴィエリチカ岩《がん》塩《えん》坑《こう》群《ぐん》の地下にはホールもつくられていて、パーティや結《けっ》婚《こん》式《しき》などさまざまなもよおしに利《り》用《よう》されているそうです。

Social Studies

白川郷合掌造り集落《しらかわごうがっしょうづくしゅうらく》は ほとんどの家が

同じ方向《ほうこう》を向《む》いている

岐阜県大野郡《ぎふけんおおのぐん》にある白川村《しらかわむら》は、日本の中でも雪が多くふる地域《ちいき》として知られています。冬が始《はじ》まり、春になるまでの約《やく》4か月間、たくさんの雪とともに生活しなければならないことから、地元の人以外《いがい》があまりくることのない「日本の秘境《ひきょう》」といわれていました。その白川村《しらかわむら》にある世界遺産《せかいいさん》、「白川郷《しらかわごう》・五箇山《ごかやま》の合掌造《がっしょうづく》り集落《しゅうらく》」付近《ふきん》は、縄文時代《じょうもんじだい》から人が住《す》んでいたことが、土器《どき》の出土からわかっています。

白川郷合掌造《しらかわごうがっしょうづく》り集落《しゅうらく》の家は、その屋根《やね》に特徴《とくちょう》があります。この地域《ちいき》では夏は南から北へ、冬は北から南へと風がふきぬけます。そのため、下のイラストのように「妻面《つまめん》」を南北に向《む》け、屋根面《やねめん》を東西に向《む》けてたてています。こうすることで、屋《や》根《ね》が風を受《う》ける面《めん》積《せき》が少なくなり、風の抵《てい》抗《こう》を最《さい》小《しょう》限《げん》にしています。東西に向《む》いた屋《や》根《ね》面《めん》は、日がまんべんなく当たり雪がとけやすく、ぬれても乾《かん》燥《そう》しやすいそうです。

大《だい》自《し》然《ぜん》と人《ひと》々《びと》のくらしが合わさった美《うつく》しい風《ふう》景《けい》を一目見ようと、海外からも多くの人がおとずれています。

三角形の壁面《へきめん》がある面《めん》を「妻面《つまめん》」と呼《よ》ぶ。

危《あぶ》なくないし、法律違反《ほうりついはん》でもない

歩ける高速道路《こうそくどうろ》がある!?

道路《どうろ》には、始《はじ》まる地点からの距離《きょり》をしめす数字が書かれた「キロポスト」と呼《よ》ばれる標識《ひょうしき》が設置《せっち》されています。どのあたりに自分がいるかがわかる道路《どうろ》の住所《じゅうしょ》のようなものです。高速道路《こうそくどうろ》でよく設置《せっち》されるのは緑《みどり》の地《じ》の「キロポスト」。この「キロポスト」はふつう一般道《いっぱんどう》には見られず、手でさわれるものではありません。

ところが、国道14号《ごう》「京葉道路《けいようどうろ》」の一之江橋《いちのえばし》（東京都江戸川区《とうきょうとえどがわく》）のたもとに、緑《みどり》の地《じ》の「0キロポスト」がおかれているのです。「ここは高速道路《こうそくどうろ》の起点《きてん》なの？」「歩ける高《こう》速《そく》道《どう》路《ろ》では？」との疑《ぎ》問《もん》も浮《う》かびますが、そうではなく正《しょう》真《しん》正《しょう》銘《めい》の一《いっ》般《ぱん》道《どう》です。

なぜ、こんなところに「0キロポスト」がおかれているかというと、高《こう》速《そく》道《どう》路《ろ》の「京《けい》葉《よう》道《どう》路《ろ》」は開《かい》通《つう》した当時、一《いち》之《の》江《え》橋《ばし》に起《き》点《てん》がありました。その後、今の高《こう》速《そく》道《どう》路《ろ》の入口のある篠《しの》崎《ざき》インターチェンジから東《とう》京《きょう》都《と》の両《りょう》国《ごく》橋《ばし》までが一《いっ》般《ぱん》道《どう》になったので、緑《みどり》の地《じ》の0キロポストがあるのに、ふつうに歩けるというわけです。

世界初《せかいはつ》！ 海底《かいてい》を

歩いて横断《おうだん》できる「関門国道《かんもんこくどう》トンネル」

「関門国道《かんもんこくどう》トンネル」は、本州《ほんしゅう》と九州《きゅうしゅう》をへだてる関門海峡《かんもんかいきょう》の海底《かいてい》につくられたトンネルで、山口県下関市《やまぐちけんしものせきし》と福岡県《ふくおかけん》北九州市《きたきゅうしゅうし》を結《むす》んでいます。日本はもちろん、世界初《せかいはつ》の海底道路《かいていどうろ》トンネルで、21年の年月をかけて1958（昭和《しょうわ》33）年に完成《かんせい》しました。

海底部《かいていぶ》780メートルの「関門国道《かんもんこくどう》トンネル」は、上下の2層《そう》に分かれていて、上部《じょうぶ》が車道、下部《かぶ》は歩道になっています。この歩道は、海峡《かいきょう》を歩いて横断《おうだん》できる世界《せかい》でもめずらしい海底道路《かいていどうろ》トンネルとして知られ、外国からの旅行《りょこう》者《しゃ》にも人気です。

「関門国道《かんもんこくどう》トンネル」を利用《りよう》すれば、関門海峡《かんもんかいきょう》を徒歩《とほ》15分ほどで通りぬけることができます。トンネルの中ほどに山口《やまぐち》県《けん》と福岡県《ふくおかけん》の県境《けんざかい》の標識《ひょうしき》があり、この線をまたぐと海底《かいてい》で「県《けん》またぎ」ができるとして、フォトスポットになっています。

90歳《さい》まで生きた葛飾北斎《かつしかほくさい》

引っこした回数はなんと93回

葛飾北斎《かつしかほくさい》は、江戸時代《えどじだい》の後期《こうき》にかつやくした有名《ゆうめい》な浮世絵《うきよえ》師《し》です。各地《かくち》から見える富士山《ふじさん》をえがいた画集《がしゅう》『冨嶽三十六景《ふがくさんじゅうろっけい》』で知られていますが、何回も住《す》む家をかえたことでも有名《ゆうめい》でした。北斎《ほくさい》は90歳《さい》まで生きましたが、引っこしの回数はそれよりも多い93回だといわれています。浮世絵《うきよえ》師《し》以外《いがい》にもいろいろな有名人《ゆうめいじん》の住所《じゅうしょ》がまとめられた『江戸《えど》現在《げんざい》広益《こうえき》諸家《しょか》人名録《じんめいろく》』には、北斎《ほくさい》の住所《じゅうしょ》が「居所不定《きょしょふてい》（住《す》んでいるところがわからない）」と書かれています。

では、なぜ北斎《ほくさい》は何度《なんど》も引っこしをしたのでしょうか。

それは、片《かた》づけが苦手《にがて》だったからだといわれています。絵をえがくことに夢中《むちゅう》になり、ごみや画材《がざい》を家中のあちこちにおきっぱなしにして、そうじをしなかったそうです。そして、家の中のよごれがひどくなると次《つぎ》の家へ引っこすというのです。また、引っこしを１００回しようとした寺町《てらまち》百庵《ひゃくあん》という人を手本にして、自分も１００回引っこしすることを目指《めざ》していたという説《せつ》もあります。

日本初《にほんはつ》の鉄道《てつどう》は

海の上を走っていた⁉

　1872（明治《めいじ》5）年、新橋《しんばし》～横浜《よこはま》間《かん》に日本初《にほんはつ》の鉄道《てつどう》が開通《かいつう》しました。一部は海上に石垣《いしがき》を築《きず》き、その上にしかれた線路《せんろ》上《じょう》を走るというおどろきの鉄道《てつどう》です。大隈重信《おおくましげのぶ》が中心となり、鉄道《てつどう》を開通《かいつう》させる計画が立ち上がりました。もともとはすべて陸《りく》に線路《せんろ》をしこうと考えていましたが、鉄《てつ》道《どう》が通るルート上には、国の軍事《ぐんじ》を担当《たんとう》していた兵部省《ひょうぶしょう》の土地があり、兵部省《ひょうぶしょう》は土地をゆずることをこばみました。そのため、すべて陸《りく》に線路《せんろ》を通す計画をあきらめなければならなくなりました。そこで、海上に石垣《いしがき》（高輪築堤《たかなわちくてい》）をつくり、そこに線路《せんろ》をしくことにしたのです。苦肉《くにく》の策《さく》でしたが、けむりを上げながら海の上を走る汽車の美《うつく》しいすがたをえがいた「錦絵《にしきえ》」※も人気だったといわれています。

この線路《せんろ》は明治時代《めいじじだい》の終《お》わりごろまで使用《しよう》されましたが、東京湾《とうきょうわん》の埋《う》め立てが進《すす》むと陸地《りくち》にうつされ、なくなりました。ところが2019年4月、JR《ジェイアール》による品川駅《しながわえき》の改良工事中《かいりょうこうじちゅう》に、すでに取《と》りこわされたと考えられていた高輪築堤《たかなわちくてい》の石垣《いしがき》が発見《はっけん》されたのです。現在《げんざい》、石垣《いしがき》の一部《いちぶ》は埼玉県《さいたまけん》さいたま市にある鉄道博物館《てつどうはくぶつかん》などで展示《てんじ》されています。

※錦絵《にしきえ》…多色ですられた浮世絵《うきよえ》・木版画《もくはんが》。

幕末《ばくまつ》につくられたユニークな城《しろ》は
星の形をしている

江戸時代《えどじだい》の終《お》わりごろ、現在《げんざい》の北海道函館市《ほっかいどうはこだてし》に、とてもユニークな星の形の城《しろ》がつくられました。江戸幕府《えどばくふ》がヨーロッパの城《しろ》を参考《さんこう》にしてたてた洋式城郭《ようしきじょうかく》で「五稜郭《ごりょうかく》」といいます。「稜《りょう》」は「角」と同じ意味《いみ》なので、五稜郭《ごりょうかく》は「5つの角がある城郭《じょうかく》」という意味《いみ》です。星形のため、どの方向《ほうこう》から攻《せ》められても必《かなら》ず2方向《ほうこう》から銃砲《じゅうほう》で反撃《はんげき》できる、「十字砲火《じゅうじほうか》」ができるのです。

1854年に、日米和親条約《にちべいわしんじょうやく》が交わされ、下田《しもだ》と箱館《はこだて》（現在《げんざい》の函館《はこだて》）の2つの港《みなと》が開《ひら》かれました。開港《かいこう》したこと

で外国船が往来《おうらい》するようになり、防衛上《ぼうえいじょう》の危機感《ききかん》からつくられたのです。ヨーロッパ式《しき》の城郭《じょうかく》をつくることで、「日本には軍事力《ぐんじりょく》や技術力《ぎじゅつりょく》がある」と思わせるねらいもあったといわれています。

国を守《まも》るためにつくられた五稜郭《ごりょうかく》は、多くの犠牲者《ぎせいしゃ》が出た戊辰戦争《ぼしんせんそう》の最後《さいご》の戦《たたか》いの場となりました。今は公園として親しまれています。

Social Studies

森林率《しんりんりつ》ナンバーワンは
スリナム共和国《きょうわこく》

森林は二酸化炭素《にさんかたんそ》をすって、生《い》き物《もの》に必要《ひつよう》な酸素《さんそ》をはきだすなど大切《たいせつ》な役割《やくわり》をはたしています。その森林はどのくらいあるのでしょう。

国や地域《ちいき》の陸地面積《りくちめんせき》の中で森林《しんりん》がしめる割合《わりあい》を「森林率《しんりんりつ》」と呼《よ》びます。国連食糧農業機関《こくれんしょくりょうのうぎょうきかん》（FAO《エフエーオー》）の「世界森林資源評価《せかいしんりんしげんひょうか》（FRA《エフアールエー》）2020」によると、日本の森林率《しんりんりつ》は68・4パーセント。そして、世界《せかい》で森林率《しんりんりつ》がいちばん高い国は、スリナム共和国《きょうわこく》です。森林率《しんりんりつ》97パーセントの南アメリカでいちばん小さい国です。中西部《ちゅうせいぶ》にある「中部《ちゅうぶ》スリナム自然《しぜん》保護区《ほごく》」は、多《た》様《よう》な植物《しょくぶつ》が存在《そんざい》する熱帯《ねったい》雨林《うりん》で、動物《どうぶつ》たちの貴《き》重《ちょう》なすみかでもあります。2000年に世界遺産《せかいいさん》に登録《とうろく》されました。

「スリナム」の国名は、先住《せんじゅう》していたインディオの言葉《ことば》である「岩場の多い川」（スリナム川）がもとになっています。

スリナム共和国《きょうわこく》の国旗《こっき》。中央《ちゅうおう》の星（黄）は、この国に住《す》むさまざまな民族《みんぞく》の団結《だんけつ》と未来《みらい》への希望《きぼう》を表《あらわ》している。白は正義《せいぎ》と自由《じゆう》を、赤は進《しん》歩《ぽ》と繁栄《はんえい》を象徴《しょうちょう》していて、緑《みどり》はゆたかな国土を表《あらわ》している。

忍者《にんじゃ》の道具《どうぐ》には

農具《のうぐ》や植物《しょくぶつ》の実《み》もあった

黒ずくめの服装《ふくそう》で、すばやく移動《いどう》し、手裏剣《しゅりけん》を使《つか》って相《あい》手《て》をたおしていくイメージがある「忍者《にんじゃ》」。忍者《にんじゃ》を題材《だいざい》にした人気アニメなどもあり、みなさんにもなじみがあるかもしれませんね。「Ninja（ニンジャ）」として海外でも広く知られています。手裏剣《しゅりけん》のほかにも鉄拳《てっけん》、万力鎖《まんりきぐさり》などいろいろな武器《ぶき》があります。忍者《にんじゃ》の道具《どうぐ》の中には、持《も》っていてもあやしまれないように、農具《のうぐ》などふだんの生活《せいかつ》の中で使《つか》うものもありました。例《たと》えば、草かりや稲《いね》かりに使《つか》う鎌《かま》を武器《ぶき》として使《つか》ったり、くぎを石垣《いしがき》のすきまに差《さ》しこみ、石垣《いしがき》をのぼるための足がかりにする道具《どうぐ》として使《つか》うこともありました。

おもしろいのが、植物《しょくぶつ》も武器《ぶき》にしていたこと。敵《てき》にふませて、自分の陣地《じんち》に入ってくるのをふせいだり、追《お》いかけてくる敵《てき》を足止めしたりするために使《つか》う「まきびし」は、もともとヒシという植物《しょくぶつ》の実《み》を乾燥《かんそう》させたものです。よりダメージをあたえようと改良《かいりょう》した結果《けっか》、鉄《てつ》を使《つか》ってつくるようになりました。

その昔《むかし》

化《け》粧《しょう》品《ひん》には毒《どく》が入っていた!?

ファンデーションが登《と》場《じょう》するまでは、肌《はだ》にぬる化《け》粧《しょう》品《ひん》といえば「おしろい」が定《てい》番《ばん》。江《え》戸《ど》時《じ》代《だい》の美《び》人《じん》の条《じょう》件《けん》は色白であることでした。おしろいは、もち米からつくられたもののほかに、奈《な》良《ら》時《じ》代《だい》から原《げん》料《りょう》に鉛《なまり》を使《つか》ったもの、水《すい》銀《ぎん》を使《つか》ったものもつくられていました。その中でも、鉛《なまり》からできたおしろいが一《いっ》般《ぱん》の人《ひと》々《びと》に広がっていきました。鉛《なまり》には毒《どく》性《せい》があり、人の肌《はだ》にとっていいものではありません。きれいになるための化《け》粧《しょう》なのに、肌《はだ》があれて、かえって美《うつく》しさをうしなってしまうことも少なくなかったようです。しかし当時は、鉛《なまり》の害《がい》は知られておらず、ほかの素《そ》材《ざい》でできたものより安《やす》く、手に取《と》りやすかったこと、のびがよくて落《お》ちにくかったことから、鉛《なまり》入《い》りのおしろいは売れつづけました。明《めい》治《じ》時《じ》代《だい》に入り西《せい》洋《よう》化《か》が始《はじ》まってからも、多くの人が愛《あい》用《よう》していたそうです。

転《てん》機《き》がおとずれたのは1887年。おしろいをたくさん使《つか》っていた歌《か》舞《ぶ》伎《き》役《やく》者《しゃ》の体《たい》調《ちょう》が悪《わる》くなり、その原《げん》因《いん》が鉛《なまり》とわかったことで社《しゃ》会《かい》問《もん》題《だい》になったのです。それから、1934年になってやっと鉛《なまり》を使《つか》ったおしろいの販《はん》売《ばい》が禁《きん》止《し》されました。

歌舞伎《かぶき》の化粧《けしょう》は役柄《やくがら》を表《あらわ》す

歌舞伎《かぶき》の化粧《けしょう》には、種類《しゅるい》があり、その役《やく》の性格《せいかく》や身《み》分《ぶん》など、化粧《けしょう》を見れば基本《きほん》的《てき》な役柄《やくがら》がわかります。

例《たと》えば赤色の模様《もよう》は、正《せい》義感《ぎかん》や勇気《ゆうき》、若《わか》さを表《あらわ》しています。青色の模様《もよう》は大悪《だいあく》人《にん》や怨霊《おんりょう》などを表《あらわ》し、茶色の模様《もよう》は鬼《おに》や精霊《せいれい》などを表《あらわ》します。

Social Studies

最高位《さいこうい》の仏像《ぶつぞう》は

みんなパンチパーマ

東大寺《とうだいじ》（奈良県《ならけん》）の奈良《なら》の大仏《だいぶつ》（銅造盧舎那仏坐像《どうぞうるしゃなぶつざぞう》）、高徳院《こうとくいん》（神奈川県《かながわけん》）の鎌倉《かまくら》の大仏《だいぶつ》（銅造阿弥陀如来坐像《どうぞうあみだにょらいざぞう》）など、10メートルを超《こ》える大きな仏像《ぶつぞう》が、日本にはいくつかあります。仏教《ぶっきょう》が生まれた地であるインドにもないという、巨大《きょだい》な仏像《ぶつぞう》の迫力《はくりょく》におどろくと同時に、1つ疑問《ぎもん》がわいてきます。なぜ、仏像《ぶつぞう》の髪型《かみがた》の多くが、「パンチパーマ」のようになっているのでしょうか。この髪型《かみがた》は、「螺髪《らほつ》」といい、うず巻《ま》き状《じょう》の形をしています。1世紀《せいき》から2世紀《せいき》はじめのクシャーナ朝時代《ちょうじだい》につくられた螺髪《らほつ》の仏像《ぶつぞう》が中国、朝鮮《ちょうせん》、日本に影響《えいきょう》をあたえたといわれています。

髪型《かみがた》を螺髪《らほつ》にするのは、仏教《ぶっきょう》を生み出し、さとりを開《ひら》いたときの釈迦《しゃか》のすがたを表《あらわ》した「如来《にょらい》」だけです。つまり、一見パンチパーマのように見える髪型《かみがた》の仏像《ぶつぞう》は、最高位《さいこうい》の証明《しょうめい》でもあるのです。螺髪《らほつ》は一般《いっぱん》的《てき》には右巻《みぎま》きですが鎌倉《かまくら》の大仏《だいぶつ》は左巻《ひだりま》き。左巻《ひだりま》きの仏像《ぶつぞう》はめずらしく、その理由《りゆう》は解明《かいめい》されていません。

仏《ほとけ》の階級《かいきゅう》
わたし以外《いがい》はみんな
修行中《しゅぎょうちゅう》の仏《ほとけ》なのです。
如来《にょらい》
菩薩《ぼさつ》
明王《みょうおう》
天部《てんぶ》

紀元前《きげんぜん》2200年ごろにつくられたトイレは水洗式《すいせんしき》だった

紀元前《きげんぜん》2200年ごろにつくられたというトイレは、イラクにあるテル・アスマルという遺跡《いせき》でみつかりました。古代《こだい》メソポタミア文明のアッカド王朝《おうちょう》時代《じだい》に築《きず》かれた宮殿《きゅうでん》にあるトイレです。レンガをいすのような形にくみ上げた「こしかけ型《がた》」で、宮殿《きゅうでん》のかべにそって廃水《はいすい》が流《なが》れる管《くだ》がつくられている、水洗式《すいせんしき》トイレです。

現存《げんそん》する日本のトイレでいちばん古いのは、京都府《きょうとふ》京都市《きょうとし》にある禅寺《ぜんでら》、東福寺《とうふくじ》のものです。「100人が一度《いちど》に用を足せる」ということから「百間便所《ひゃっかんべんじょ》」や「百雪隠《ひゃくせっちん》」などと呼《よ》ばれる「東司《とうす》」※が、それです。直径《ちょっけい》約《やく》30センチメートルの穴《あな》がズラリとならんでいて、当時はしきりがある個室《こしつ》でした。大便用《だいべんよう》、小便用《しょうべんよう》の2種類《しゅるい》のびんが穴《あな》に埋《う》めこまれている、「くみ取《と》り式《しき》」です。便《べん》は畑《はたけ》の肥料《ひりょう》などに使《つか》われました。東司《とうす》へ行くのもお坊《ぼう》さんの修行《しゅぎょう》の1つで、とてもきびしい作法《さほう》があったそうです。

※東司《とうす》…「とんす」とも読む。

Social Studies

日本《にほん》最古《さいこ》の源頼朝像《みなもとのよりともぞう》の眼球《がんきゅう》は 水晶《すいしょう》でできている！

山梨県《やまなしけん》甲府市《こうふし》の善光寺《ぜんこうじ》（甲斐善光寺《かいぜんこうじ》）にある「木造《もくぞう》源頼朝坐像《みなもとのよりともざぞう》」は、最《もっと》も古い源頼朝像《みなもとのよりともぞう》であり、生きていたころの源頼朝《みなもとのよりとも》のすがたにいちばん近い資料《しりょう》として知られています。像内部《ぞうないぶ》の記録《きろく》から、頼朝《よりとも》の妻《つま》である北条政子《ほうじょうまさこ》の命令《めいれい》でつくられたことがわかっています。また、像《ぞう》には頼朝《よりとも》の命日《めいにち》も記されており、鎌倉時代《かまくらじだい》につくられたものと伝《つた》えられています。もともとは長野県長野市《ながのけんながのし》の善光寺《ぜんこうじ》にありましたが、武田信玄《たけだしんげん》が川中島《かわなかじま》の戦《たたか》いのとき、戦火《せんか》で燃《も》えてしまうのを心配《しんぱい》し、1558年に甲斐善光寺《かいぜんこうじ》へうつしたとされています。

この像《ぞう》の眼球《がんきゅう》には水晶《すいしょう》が使《つか》われています。「玉眼《ぎょくがん》」と呼《よ》ばれる、本物《ほんもの》らしく見せるために、仏像《ぶつぞう》などの眼《め》に水晶《すいしょう》の板《いた》をはめこむ技法《ぎほう》です。玉眼《ぎょくがん》は鎌倉時代《かまくらじだい》に一般的《いっぱんてき》な技術《ぎじゅつ》として根《ね》づき、それからは頼朝像《よりともぞう》をはじめ、仏像《ぶつぞう》などにも多く使《つか》われました。年数《ねんすう》を重《かさ》ねたことで、頼朝像《よりともぞう》の玉眼《ぎょくがん》はこわれていましたが、2020年に修理《しゅうり》されました。

Social Studies

戦国武将《せんごくぶしょう》の直江兼続《なおえかねつぐ》は

兜《かぶと》に「愛《あい》」の文字をつけて戦《たたか》った

大河《たいが》ドラマで取《と》り上《あ》げられて有名《ゆうめい》になった、戦国武将《せんごくぶしょう》の直江兼続《なおえかねつぐ》。上杉謙信《うえすぎけんしん》ら上杉家《うえすぎけ》に、重要《じゅうよう》な役割《やくわり》をまかされ、人生をかけて上杉家《うえすぎけ》につくした武将《ぶしょう》です。豊臣政権時代《とよとみせいけんじだい》のかつやくから、豊臣秀吉《とよとみひでよし》にも信頼《しんらい》され、天下をねらっていた徳川家康《とくがわいえやす》にも油断《ゆだん》ならない人物《じんぶつ》としてマークされていた、非常《ひじょう》に頭のいい武将《ぶしょう》としても知られています。

兼続《かねつぐ》がかぶっていた兜《かぶと》には、「愛《あい》」の文字が大きくつけられています。仁愛《じんあい》や愛民《あいみん》の精神《せいしん》を表《あらわ》すともされている、この「愛《あい》」ですが、ほかにもいろいろな意味合《いみあ》いがこめられているといわれています。兼続《かねつぐ》が信仰《しんこう》していたとされる「愛染明王《あいぜんみょうおう》」の愛《あい》、または戦《たたか》いの神《かみ》として戦国《せんごく》武将《ぶしょう》に信仰《しんこう》された「愛宕権現《あたごごんげん》」の愛《あい》から取《と》ったとする説《せつ》もあります。伝《つた》えられている兼続《かねつぐ》のかつやくを見ると、どれもしっくりくるのがおもしろいところです。

ちなみに兼続《かねつぐ》は側室《そくしつ》をもたなかったことから、妻《つま》を大切にする愛妻家《あいさいか》だったのではといわれています。

Social Studies

日《に》本《ほん》初《はつ》の女《じょ》子《し》留《りゅう》学《がく》生《せい》で最《さい》年《ねん》少《しょう》は

小学1年生の女の子

日《に》本《ほん》初《はつ》の女《じょ》子《し》留《りゅう》学《がく》生《せい》として、明《めい》治《じ》時《じ》代《だい》はじめに岩《いわ》倉《くら》使《し》節《せつ》団《だん》とともにアメリカにわたったのは、たった6歳《さい》の津《つ》田《だ》梅《うめ》子《こ》でした。6歳《さい》といえば現《げん》代《だい》なら小学1年生。女《じょ》子《し》留《りゅう》学《がく》生《せい》の募《ぼ》集《しゅう》があったとき、幕《ばく》府《ふ》の使《し》節《せつ》とともにアメリカにわたったことがあった津《つ》田《だ》梅《うめ》子《こ》の父親が応《おう》募《ぼ》したそうです。

現《げん》地《ち》では、子どものいなかったランマン夫《ふ》妻《さい》に実《じつ》の子のようにかわいがられながら、英《えい》語《ご》をはじめ、さまざまな学《がく》問《もん》を学び、アメリカの生《せい》活《かつ》文《ぶん》化《か》を吸《きゅう》収《しゅう》して成《せい》長《ちょう》しました。そして1882年、17歳《さい》のときに帰国したのですが、日本とアメリカとのあいだで女性《じょせい》の地位《ちい》に大きな差《さ》があることにおどろいたそうです。その当時の日本では、「女性《じょせい》に学問《がくもん》や仕事《しごと》は不要《ふよう》」「女性《じょせい》は16歳《さい》ごろまでに結婚《けっこん》し、家庭《かてい》に入るのが当たり前」とされていたからです。

梅子《うめこ》はその後、女子英学塾《じょしえいがくじゅく》（現在《げんざい》の津田塾大学《つだじゅくだいがく》）を創設《そうせつ》するなど女子教育《じょしきょういく》のあり方をかえ、女性《じょせい》の地位向上《ちいこうじょう》のために力をつくしました。

5000円札《えんさつ》の肖像画《しょうぞうが》に採用《さいよう》(2024年)されたの。うれしいけど、日本では女性《じょせい》でお札《さつ》の肖像画《しょうぞうが》に採用《さいよう》されたのは神功皇后《じんぐうこうごう》さまと樋口一葉《ひぐちいちよう》さん、そしてわたし津田《つだ》梅子《うめこ》のたった3人だけ。日本もまだまだこれからね。

地理・歴史《れきし》クイズ

1

右の外国人《がいこくじん》向《む》け地図記号《ちずきごう》が表《あらわ》すのは1～3のどれ？

① 病院《びょういん》

② 寝台列車《しんだいれっしゃ》

③ ホテル

2

「やませ」とは1～3のどれ？

① 北東の風

② 山のふもと

③ ねこぜ

3

太平洋戦争直後《たいへいようせんそうちょくご》、国会議事堂前《こっかいぎじどうまえ》につくられたのは1～3のどれ？

① お金をつくる工場

② 畑《はたけ》

③ 郵便局《ゆうびんきょく》

4

江戸時代《えどじだい》の職業《しょくぎょう》「おわいや」の売《う》り物《もの》は1～3のどれ？

① うんち

② 髪《かみ》の毛《け》

③ 虫

答えは127ページ

公民《こうみん》で知る！
日本のすごい！
おもしろい！

「梅干《うめぼ》しでおにぎり」「一日ひと褒《ほ》め」……

個性《こせい》たっぷり&《アンド》ユニークな条例《じょうれい》

条例《じょうれい》とは、都道府県《とどうふけん》や市町村など地方公共団体《ちほうこうきょうだんたい》が制定《せいてい》する決《き》まりのこと。全国《ぜんこく》には、個性《こせい》たっぷり&《アンド》ユニークな条例《じょうれい》がたくさんあります。

地域《ちいき》の特産品《とくさんひん》に関《かん》する条例《じょうれい》としては、みなべ町（和歌山県《わかやまけん》）の「梅干《うめぼ》しでおにぎり条例《じょうれい》」、中標津町《なかしべつちょう》（北海道《ほっかいどう》）の「牛乳《ぎゅうにゅう》で乾杯条例《かんぱいじょうれい》」などがあります。

物《もの》ではなく、人に関《かん》する条例《じょうれい》もあります。多可町《たかちょう》（兵庫県《ひょうごけん》）の「一日ひと褒《ほ》め条例《じょうれい》」は、1日に1度《ど》は人をほめたり、感謝《かんしゃ》の気持《きも》ちを伝《つた》えたりしましょうというもの。これを心がけているだけで、ハッピーな1日が送《おく》れそうですね。下野《しもつけ》市《し》（栃木県《とちぎけん》）や志布志《しぶし》市《し》（鹿児島県《かごしまけん》）などには、子どもにとってうれしい「子ほめ条例《じょうれい》」なるものも。

自然《しぜん》に関《かん》しては、2月23日を「富士山《ふじさん》の日」とする「静岡県《しずおかけん》富士山《ふじさん》の日《ひ》条例《じょうれい》」のほか、「雪となかよく暮《く》らす条例《じょうれい》」（秋田県《あきたけん》横手《よこて》市《し》）、「倶知安町《くっちゃんちょう》みんなで親しむ雪条例《ゆきじょうれい》」（北海道《ほっかいどう》虻田《あぶた》郡《ぐん》）といった雪国ならではの条例《じょうれい》があげられます。

雪となかよく暮《く》らす条例《じょうれい》

かんじきをはいて雪道をみんなで歩く「かんじきウォーキング」といった雪を楽しむイベントなどを開催《かいさい》し、雪を利用《りよう》してくらす方法《ほうほう》を考えていこうというもの。

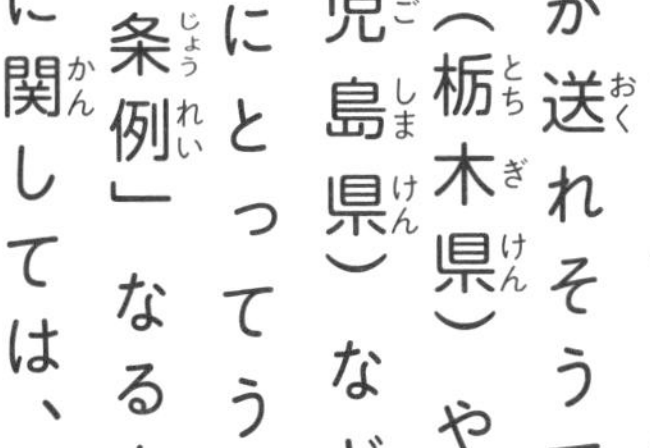

梅干《うめぼ》しでおにぎり条例《じょうれい》

特産品《とくさんひん》の梅干《うめぼ》しでおにぎりをつくるなどみんなで梅干《うめぼ》しを消費《しょうひ》して、梅干《うめぼ》しのよさを広めようというもの。

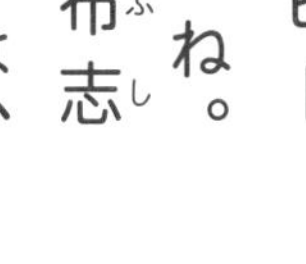

牛乳《ぎゅうにゅう》で乾杯条例《かんぱいじょうれい》

集《あつ》まりで乾杯《かんぱい》をする機会《きかい》があったら牛乳《ぎゅうにゅう》で乾杯《かんぱい》するなどして、牛乳《ぎゅうにゅう》のよさを広めようというもの。

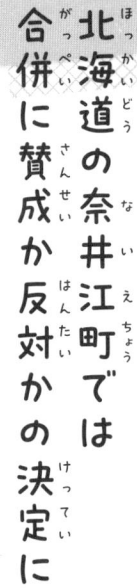

北《ほっ》海《かい》道《どう》の奈《な》井《い》江《え》町《ちょう》では
合《がっ》併《ぺい》に賛《さん》成《せい》か反《はん》対《たい》かの決《けっ》定《てい》に

小学5・6年生も投《とう》票《ひょう》した

平《へい》成《せい》時《じ》代《だい》、いくつかの市や町、村を1つにし、大きなまちにする「市《し》町《ちょう》村《そん》合《がっ》併《ぺい》」が全《ぜん》国《こく》各《かく》地《ち》でさかんに進《すす》められました。地《ち》方《ほう》議《ぎ》会《かい》で話し合ったり、住《じゅう》民《みん》投《とう》票《ひょう》をおこなって人々《ひとびと》の意《い》見《けん》を聞いたりして、合《がっ》併《ぺい》するかどうかが決《けっ》定《てい》されました。

そのような中、合《がっ》併《ぺい》に賛《さん》成《せい》か反《はん》対《たい》か自分の意《い》見《けん》をしめす住《じゅう》民《みん》投《とう》票《ひょう》で、小学生も投《とう》票《ひょう》したのが北《ほっ》海《かい》道《どう》の奈《な》井《い》江《え》町《ちょう》です。奈《な》井《い》江《え》町《ちょう》では以《い》前《ぜん》から、「まちづくりのパートナー」として子どもが「町長と語る会」に参《さん》加《か》。そこでの子どもたちの意《い》見《けん》が、町の取《と》り組《く》みにも取《と》り入《い》れられてきたという経《けい》緯《い》があります。

そして、2003年の合《がっ》併《ぺい》問《もん》題《だい》に関《かん》する住《じゅう》民《みん》投《とう》票《ひょう》では、ふつうの住《じゅう》民《みん》投《とう》票《ひょう》にくわえ、小学5・6年生、中学生・高校生が投《とう》票《ひょう》するという全《ぜん》国《こく》初《はつ》の「子ども投《とう》票《ひょう》」がおこなわれました。投《とう》票《ひょう》率《りつ》は87・21パーセントで、投《とう》票《ひょう》結《けっ》果《か》は反《はん》対《たい》が賛《さん》成《せい》を大きく上回りました。大《お》人《とな》の住《じゅう》民《みん》投《とう》票《ひょう》でも反《はん》対《たい》が上回り、合《がっ》併《ぺい》は見《み》送《おく》られ、自分たちの町に関《かん》心《しん》をもつようになった子どもが増《ふ》えたそうです。

世界初《せかいはつ》の技術《ぎじゅつ》を導入《どうにゅう》し、「最《もっと》も革新的《かくしんてき》なコンセプトの貨幣《かへい》」賞《しょう》を

受賞《じゅしょう》したのは日本の500円玉

みなさんがよく知っている500円玉。その500円玉が世界的《せかいてき》にみとめられ、2002年に「最《もっと》も革新的《かくしんてき》なコンセプトの貨幣《かへい》」という賞《しょう》を受賞《じゅしょう》しました。

受賞《じゅしょう》したのは、2000年発行《はっこう》の500円（ニッケル黄銅《おうどう》）貨幣《かへい》。大きさやデザインはそれまでのものとかわらないのですが、偽造《ぎぞう》を防止《ぼうし》するために世界初《せかいはつ》の技術《ぎじゅつ》を取《と》り入《い》れたことから、「最《もっと》も革新的《かくしんてき》」と評価《ひょうか》されました。

500円玉の縁《ふち》に、ななめのギザギザがあることを知っていますか？ 2000年以降《いこう》発行《はっこう》の500円玉には、

181本きざまれており、その加《か》工《こう》には高《こう》度《ど》な技《ぎ》術《じゅつ》を要《よう》することから、世《せ》界《かい》の硬《こう》貨《か》の中でもとてもめずらしいとされたのです。

2021年11月からは、さらに新しい技《ぎ》術《じゅつ》をもちいてつくられた新500円玉が発《はっ》行《こう》されています。今《こん》度《ど》は、ななめのギザギザの一《いち》部《ぶ》（上下左右4か所《しょ》）が、ほかのギザギザとちがった形《けい》状《じょう》になっています。

家にある500円玉の縁《ふち》をよく観《かん》察《さつ》してみましょう。複《ふく》数《すう》枚《まい》あったら、発《はっ》行《こう》年《ねん》によるちがいを発《はっ》見《けん》するのもおもしろいですよ。

2021年11月からの500円玉

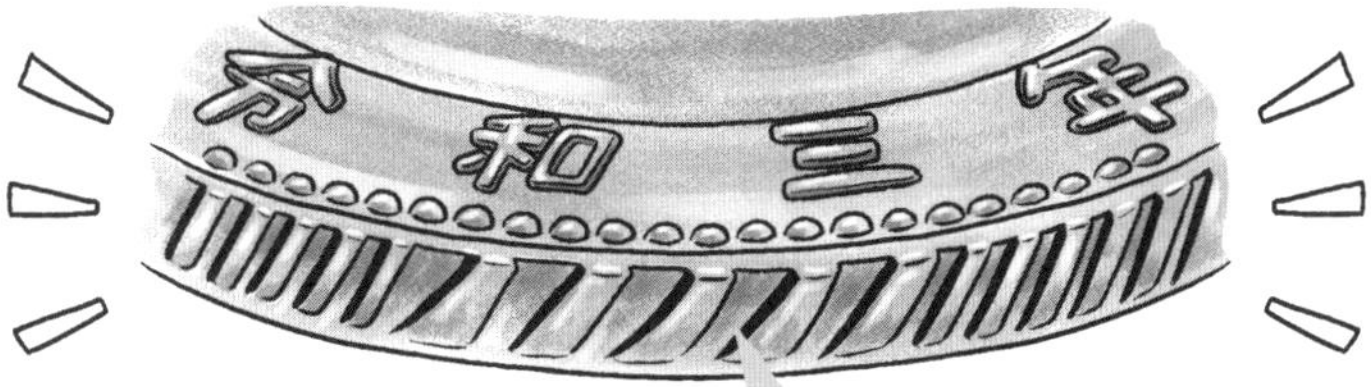
令和三年
こんなふうに、ほかとは幅《はば》や形がちがうななめのギザギザが上下左右の4か所《しょ》にきざまれているよ！

Social Studies

紙じゃない!?

投票用紙《とうひょうようし》はおっても勝手《かって》に開《ひら》く

国会議員《こっかいぎいん》や都道府県知事《とどうふけんちじ》などの選挙《せんきょ》で使《つか》われる投票用紙《とうひょうようし》を見たことありますか？

投票用紙《とうひょうようし》は、投票《とうひょう》する人が当選《とうせん》させたい人の名前などを書く用紙で、書いたあと、2つにおって投票箱《とうひょうばこ》に入れることが一般的《いっぱんてき》です。書いたり、おったりできるこの投票用《とうひょうよう》紙《し》、しばらくすると勝手《かって》に開《ひら》くようになっているのです。

実《じつ》は、こうした性質《せいしつ》のある投票用紙《とうひょうようし》はプラスチック（合成樹脂《ごうせいじゅし》）製《せい》の「BP《ビーピー》コート紙」という特殊《とくしゅ》な紙でできているのです。このような特殊《とくしゅ》な紙を使《つか》うのは、開票作業《かいひょうさぎょう》をより早く進《すす》められるようにするためです。

投《とう》票《ひょう》箱《ばこ》の中で自《し》然《ぜん》に開《ひら》いた状《じょう》態《たい》になるB《ビー》P《ピー》コート紙の投《とう》票《ひょう》用《よう》紙《し》だと、開《かい》票《ひょう》するときにわざわざ開《ひら》く必《ひつ》要《よう》がなく、開《かい》票《ひょう》作《さ》業《ぎょう》にかかる時間を大《おお》幅《はば》に短《たん》縮《しゅく》することができます。そのためほとんどの投《とう》票《ひょう》用《よう》紙《し》がB《ビー》P《ピー》コート紙になっています。そうして、開《かい》票《ひょう》結《けっ》果《か》をみんなに少しでも早く伝《つた》えようとしているのですね。

Social Studies

記名投票《きめいとうひょう》のようすを「どうどうめぐり」という

考えても結論《けつろん》が出なかったり、議論《ぎろん》をくりかえしても答えが出なかったりすることを「どうどうめぐり」といいます。実《じつ》は、この「どうどうめぐり」、政治《せいじ》の世界《せかい》では少々《しょうしょう》ちがう意味《いみ》をもっています。

国会では、採用《さいよう》か不採用《ふさいよう》かを多数決《たすうけつ》で決《き》める「採決《さいけつ》」のとき、多くは「起立採決《きりつさいけつ》」という方法《ほうほう》を取《と》ります。賛成《さんせい》している人は立つ、反対《はんたい》の人はすわったままとし、その数を確認《かくにん》します。みなさんのクラスで何かを決《き》めるとき、「賛《さん》成《せい》の人は手をあげて」と先生がたずねるのに似《に》ていますね。

議長《ぎちょう》が必要《ひつよう》とみとめた場合か、出席《しゅっせき》議員《ぎいん》の5分の1以上《いじょう》の要求《ようきゅう》があった場合は、「記《き》名《めい》投票《とうひょう》」をします。

記《き》名《めい》投票《とうひょう》は、議《ぎ》員《いん》の名前が書かれた木札《きふだ》を使《つか》います。賛《さん》成《せい》の場合は白、反対《はんたい》の場合は青の木札《きふだ》を持《も》って、順番《じゅんばん》に国《こっ》会《かい》議《ぎ》事《じ》堂《どう》議《ぎ》場《じょう》の演壇《えんだん》の階段《かいだん》を上って投票《とうひょう》したあと、反対《はんたい》側《がわ》の階《かい》段《だん》をおりていきます。このように議《ぎ》員《いん》がぐるぐると回るようすから、「どうどうめぐり」と呼《よ》ばれています。

お金クイズ

1

えがかれている肖像《しょうぞう》が
本人と同じように歳《とし》をとる
お金がある国はどっち？

① イギリス

② アメリカ

2

ほんとうにある
通貨《つうか》の記号《きごう》は
1～3のどれ？

① 〒

② ⛩

③ ♡

3

ほんとうにあった
お札《さつ》はどっち？

① ダイヤモンド製《せい》

② 金箔製《きんぱくせい》

4

ほんとうにあった
日本のお札《さつ》は
1～3のどれ？

① うらに署名欄《しょめいらん》がある

② うらに指紋《しもん》がある

③ うらがまっしろ

答えは 127 ページ

公民《こうみん》でわかる！現代《げんだい》のナンバーワン

世界《せかい》で最《もっと》も男女平等《だんじょびょうどう》が実現《じつげん》されている国は

アイスランド

アイスランドは北ヨーロッパに位置《いち》する島国《しまぐに》で、国土面積《こくどめんせき》は北海道《ほっかいどう》よりやや大きいぐらいの国です。

世界経済《せかいけいざい》フォーラム（WEF《ダブリューイーエフ》）という組織《そしき》は「ジェンダー・ギャップ指数《しすう》」を毎年発表《まいとしはっぴょう》しています。この指数《しすう》は、各国《かっこく》を政治《せいじ》、健康《けんこう》、経済《けいざい》、教育《きょういく》の4つの分野で、男女がどれだけ平等《びょうどう》かをしらべて評価《ひょうか》するもの。2023年版《ねんばん》によると、アイスランドが14年連続《ねんれんぞく》で1位《い》となりました。

その理由《りゆう》として例《たと》えば、アイスランドは首相《しゅしょう》が女性《じょせい》であったり、国会議員《こっかいぎいん》も女性《じょせい》が4割以上《わりいじょう》をしめていたりして、男女の格差《かくさ》が小さいことなどがあります。

これに対《たい》して、日本の順《じゅん》位《い》は146か国中125位《い》で、調査《ちょうさ》開《かい》始《し》以《い》来《らい》、過《か》去《こ》最《さい》低《てい》の順《じゅん》位《い》です。例《たと》えば、女《じょ》性《せい》の衆《しゅう》議《ぎ》院《いん》議《ぎ》員《いん》の比《ひ》率《りつ》が1割《わり》であるなど、女《じょ》性《せい》の政《せい》治《じ》参《さん》加《か》が少ないのが現《げん》状《じょう》です。

日本には、「男《だん》性《せい》は外で仕《し》事《ごと》、女《じょ》性《せい》は家で家《か》事《じ》や育《いく》児《じ》」という考えが今なお根《ね》強《づよ》く残《のこ》っています。しかし、すべての人の人権《じんけん》を尊《そん》重《ちょう》するためにも、男女が平《びょう》等《どう》な社会を実《じっ》現《げん》していくことが大切です。

2023年6月24日と25日に開《ひら》かれた「Ｇ７栃木県《ジーセブンとちぎけん》・日光男女共同参画《にっこうだんじょきょうどうさんかく》・女性活躍担当大臣会合《じょせいかつやくたんとうだいじんかいごう》」では、日本以外《にほんいがい》、各国《かっこく》と組織《そしき》の代表全員《だいひょうぜんいん》が女性《じょせい》だった。

消費税率《しょうひぜいりつ》の高さナンバーワンは

ハンガリー

税金《ぜいきん》は、わたしたちのくらしを守《まも》るためにおさめるお金です。例《たと》えば、学校や市《し》民《みん》病《びょう》院《いん》、ごみ処《しょ》理《り》施《し》設《せつ》などは、税《ぜい》金《きん》でつくられています。これらの施《し》設《せつ》がなくては、多くの人が安《あん》心《しん》してくらせません。税《ぜい》金《きん》は、安《あん》全《ぜん》でゆたかな社会をつくるためにはなくてはならないもので、国が国《こく》民《みん》などから集《あつ》める税《ぜい》金《きん》の1つが消《しょう》費《ひ》税《ぜい》です。

消費税《しょうひぜい》は、商品《しょうひん》を買ったり、サービスを受《う》けたりしたときにかかるもので、日本の標準税率《ひょうじゅんぜいりつ》は10パーセント（2023年時点）です。例《たと》えば、100円のボールペンを買うとき、その10パーセントにあたる10円が税《ぜい》としてかかるので、店に支払《しはら》うお金は110円となります。

この消費税率《しょうひぜいりつ》が世界《せかい》でいちばん高いのは、全国間税会総連合会《ぜんこくかんぜいかいそうれんごうかい》の2022年のしらべによるとヨーロッパの国ハンガリーで、27パーセントとなっています。2位《い》は25パーセントのスウェーデン、デンマーク、ノルウェー、クロアチアです。いずれも日本の2倍以上《ばいいじょう》の消費税率《しょうひぜいりつ》です。とても高く感《かん》じますが、スウェーデン、デンマーク、ノルウェーの3か国は税収《ぜいしゅう》の多くを福祉《ふくし》に使《つか》う福祉国家《ふくしこっか》として有名《ゆうめい》で、介護《かいご》や医療《いりょう》、教育《きょういく》などの社会保障《しゃかいほしょう》サービスがとても充実《じゅうじつ》しています。税率《ぜいりつ》の高い低《ひく》いは、受《う》けられるサービスと照《て》らし合わせる必要《ひつよう》がありそうですね。

中央省庁《ちゅうおうしょうちょう》の中でいちばん予算《よさん》が多いのは

厚生労働省《こうせいろうどうしょう》

「予算《よさん》」というのは、国の収入《しゅうにゅう》（歳入《さいにゅう》）と支出《ししゅつ》（歳出《さいしゅつ》）の予定《よてい》をしめした計画のことで、国会で1年ごとに話し合って決《き》められます。国の歳《さい》入《にゅう》で最《もっと》も多いのは税金《ぜいきん》なので、予算《よさん》は、国民《こくみん》から集《あつ》めた税《ぜい》金《きん》などをどのように使《つか》っていくかを意《い》味《み》します。

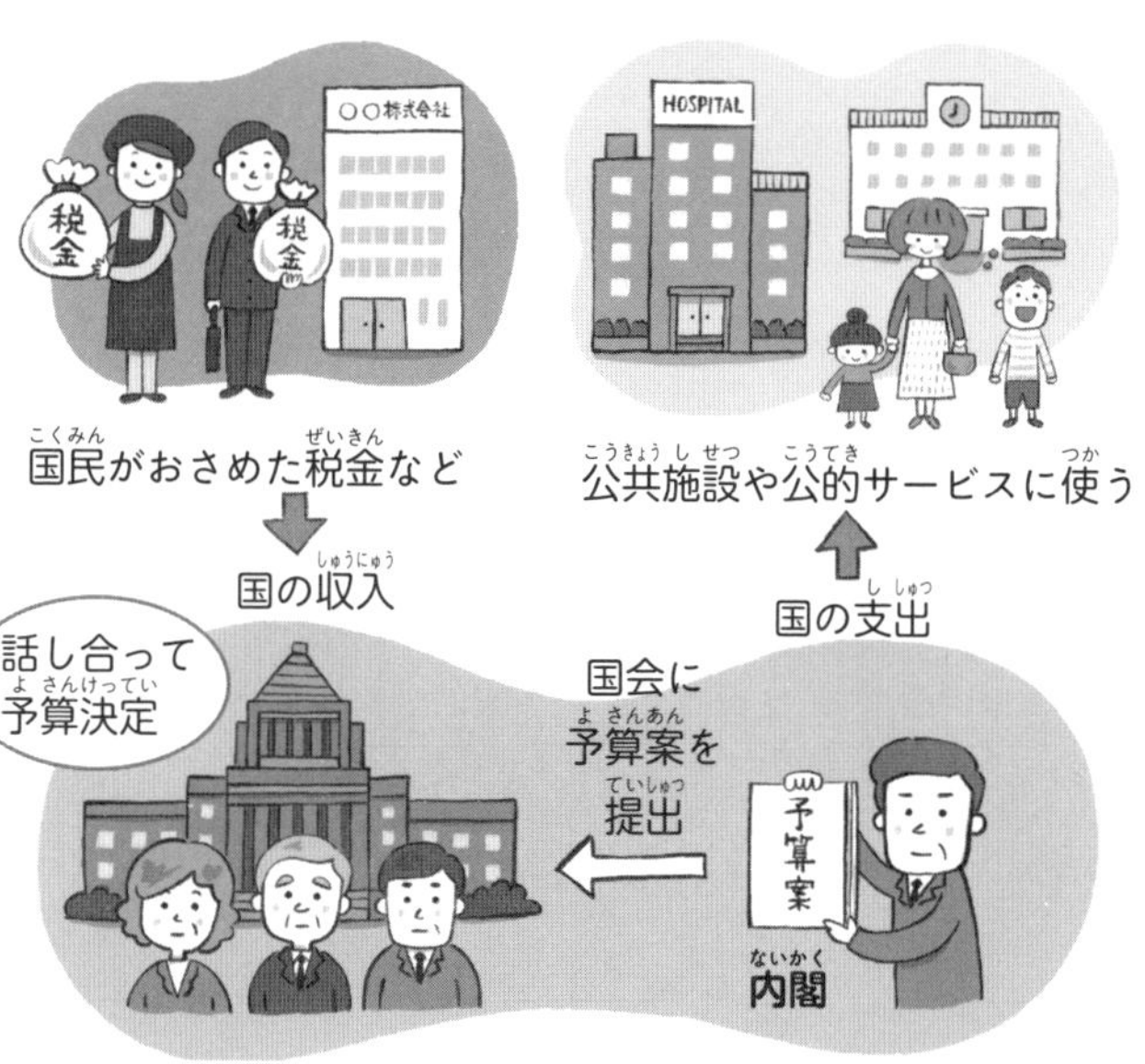
○○株式会社
税金
税金
HOSPITAL
国民《こくみん》がおさめた税金《ぜいきん》など
国の収入《しゅうにゅう》
公共施設《こうきょうしせつ》や公的《こうてき》サービスに使《つか》う
国の支出《ししゅつ》
話し合って予算決定《よさんけってい》
国会に予算案《よさんあん》を提出《ていしゅつ》
予算案
内閣《ないかく》

「中央省庁《ちゅうおうしょうちょう》」は内閣《ないかく》のもとにおかれ、実際《じっさい》の仕事《しごと》を受《う》けもつ省《しょう》や庁《ちょう》のこと。文部科学省《もんぶかがくしょう》（教育《きょういく》やスポーツ関連《かんれん》）、厚生労働省《こうせいろうどうしょう》（国民《こくみん》の健康《けんこう》や労働関連《ろうどうかんれん》）、財務省《ざいむしょう》（国《くに》の予算《よさん》づくりや税金《ぜいきん》の仕組《しく》みづくり関連《かんれん》）などがあり、予算《よさん》がいちばん多いのは（2022年度時点《ねんどじてん》）厚生労働省《こうせいろうどうしょう》です。厚生労働省《こうせいろうどうしょう》は、病気《びょうき》の予防《よぼう》、食品《しょくひん》や薬《くすり》の安全《あんぜん》の確認《かくにん》、はたらきたい人への仕事《しごと》のしょうかい、高齢者《こうれいしゃ》や障《しょう》がい者《しゃ》への支援《しえん》などをおこなっています。このように、すべての人々《ひとびと》が安心《あんしん》してくらせるように活動《かつどう》する省《しょう》なので、予算《よさん》が最《もっと》も多くなっています。

予算《よさん》の2位《い》は財務省《ざいむしょう》、3位《い》は国の行政管理《ぎょうせいかんり》や地方自治《ちほうじち》などを担当《たんとう》する総務省《そうむしょう》で、以下《いか》、国土交通省《こくどこうつうしょう》、防衛省《ぼうえいしょう》といった順《じゅん》になっています。2023年、防衛費《ぼうえいひ》は※公共事業関係費《こうきょうじぎょうかんけいひ》をはじめて上回り、その増加率《ぞうかりつ》で注目《ちゅうもく》されました。

※公共事業関係費《こうきょうじぎょうかんけいひ》…道路《どうろ》や港湾《こうわん》、住宅《じゅうたく》や下水道、公園、河川《かせん》の堤防《ていぼう》やダムなど、社会経済活動《しゃかいけいざいかつどう》や国民生活《こくみんせいかつ》、国土保全《こくどほぜん》の基盤《きばん》となる施設《しせつ》の整備《せいび》に使《つか》われる費用《ひよう》。

難民《なんみん》の受《う》け入《い》れ数《すう》ナンバーワンは

トルコ

宗教《しゅうきょう》や民族《みんぞく》、政治《せいじ》の考え方のちがい、紛争《ふんそう》などによって、人権《じんけん》を侵害《しんがい》されたり、命《いのち》の危険《きけん》にさらされたりして、故郷《こきょう》を追《お》われた人のことを「難民《なんみん》」や「国内避難民《こくないひなんみん》」といいます。近年、その数は増《ふ》えつづけていて、2022年末《ねんまつ》時点《じてん》で約《やく》1億《おく》8400万人となっています。

国連難民高等弁務官事務所《こくれんなんみんこうとうべんむかんじむしょ》（UNHCR《ユーエヌエイチシーアール》）の「グローバル・トレンズ・レポート2022」によると、ほかの国の保護《ほご》を必要《ひつよう》としている難民《なんみん》を世界《せかい》でいちばん多く受《う》け入《い》れている国は、中東にあるトルコで、360万人もの難民《なんみん》を受《う》け入《い》れています。2位《い》は340万人のイラン、3位《い》は250万人のコロンビアです。

日本も難民《なんみん》を受《う》け入《い》れていますが、ほかの国と比《くら》べると、けたちがいに少なくなっています。これは、法務省《ほうむしょう》の難民《なんみん》と認定《にんてい》する要件《ようけん》がきびしくなっているためです。2023年6月に入管法《にゅうかんほう》※の改正案《かいせいあん》が可決《かけつ》されたことにより、さらに難《なん》民《みん》の認定率《にんていりつ》が低《ひく》くなるのではと心配《しんぱい》されています。

※入管法《にゅうかんほう》…正式名称《せいしきめいしょう》は「出入国管理及《しゅつにゅうこくかんりおよ》び難民認定法《なんみんにんていほう》」。外国の人の出入国管理《しゅつにゅうこくかんり》や難民認定《なんみんにんてい》の手つづきのことなどを定《さだ》めている。

難民《なんみん》を受《う》け入《い》れたあとの難民《なんみん》への生活支援《せいかつしえん》も大きな課題《かだい》となっている。

壮大《そうだい》な法律《ほうりつ》ナンバーワンは

宇宙基本法《うちゅうきほんほう》

国や人など、さまざまなものを対象《たいしょう》にしている法律《ほうりつ》。日本の法律《ほうりつ》の中で最《もっと》も壮大《そうだい》なもの、対象《たいしょう》のスケールが大きいものは何かといえば、「宇宙基本法《うちゅうきほんほう》」ではないでしょうか。宇宙《うちゅう》基本《きほん》法《ほう》の第《だい》1章《しょう》第《だい》2条《じょう》にこの法律《ほうりつ》がどの範囲《はんい》で使《つか》われるかが書かれています。その範囲《はんい》は「月その他《た》の天体を含《ふく》む宇宙空間《うちゅうくうかん》」。つまり宇宙全体《うちゅうぜんたい》を対象《たいしょう》にしているのです。法律《ほうりつ》の対象《たいしょう》が国内ではなく宇宙《うちゅう》だと考えると、スケールが大きいですね。さらに、この法律《ほうりつ》の目的《もくてき》はというと、わたしたち日本国民《にほんこくみん》の生活をよくするため、経済《けいざい》を発展《はってん》させていくとともに、世《せ》界《かい》の平《へい》和《わ》、人《じん》類《るい》の福《ふく》祉《し》の向《こう》上《じょう》に貢《こう》献《けん》することを目《め》指《ざ》すことです。目《もく》的《てき》もまたスケールの大きい法《ほう》律《りつ》なのです。そして、日本は宇《う》宙《ちゅう》開《かい》発《はつ》の利《り》用《よう》を日《に》本《ほん》国《こく》憲《けん》法《ぽう》の平《へい》和《わ》主《しゅ》義《ぎ》の理《り》念《ねん》にのっとっておこなうことを宇《う》宙《ちゅう》基《き》本《ほん》法《ぽう》の基《き》本《ほん》理《り》念《ねん》に記しています。

世《せ》界《かい》では軍《ぐん》事《じ》面《めん》で利《り》用《よう》しようとする動《うご》きもありますが、戦《せん》争《そう》のために利《り》用《よう》してほしくないですね。

宇宙《うちゅう》ハ地球人《ちきゅうじん》ダケノ
モノデハナイノダ。
キターネー

地球《ちきゅう》のまわりは宇宙《うちゅう》ごみ（スペースデブリ）でいっぱい。宇宙《うちゅう》ごみを除去《じょきょ》する衛《えい》星《せい》の設計《せっけい》・開発《かいはつ》が進《すす》められている。

法律《ほうりつ》の中に最《もっと》も多く名前が登場《とうじょう》する都道府県《とどうふけん》は

東京都《とうきょうと》じゃない

法律《ほうりつ》の中には、数多くの都道府県《とどうふけん》の名前が登場《とうじょう》しますが、47都道府県《とどうふけん》の中でいちばん多く名前が登場《とうじょう》するのは東京《とうきょう》ではなく「北海道《ほっかいどう》」なのです。2023年時点で、北海道《ほっかいどう》は163件《けん》の法律《ほうりつ》に登場《とうじょう》しています。1つ例《れい》をあげると、国《こく》土《ど》交通《こうつう》大臣《だいじん》の事《じ》務《む》を北海道《ほっかいどう》開発《かいはつ》局長《きょくちょう》に委《い》任《にん》するというような、権限《けんげん》をあたえる、まかせるといった意《い》味《み》合《あ》いの法律《ほうりつ》が多くあります。第《だい》2位《い》は「東京都《とうきょうと》」で、117件《けん》。最《さい》高《こう》裁《さい》判《ばん》所《しょ》などの公《こう》的《てき》な機《き》関《かん》を東京都《とうきょうと》におくという規《き》定《てい》が多くあります。その後、西日本の中心である大《おお》阪《さか》府《ふ》がつづくかと

思いきや、第《だい》3位《い》は「沖縄《おきなわ》県《けん》」で、48件《けん》。1972年にアメリカの統治《とうち》下《か》から日本に復帰《ふっき》したこともあり、「沖縄《おきなわ》の復帰《ふっき》に伴《ともな》う特別《とくべつ》措置《そち》に関《かん》する法律《ほうりつ》」など、関連《かんれん》の法律《ほうりつ》が多くあることが理由《りゆう》です。第《だい》4位《い》は、つくば市の「気象庁《きしょうちょう》気象《きしょう》研究《けんきゅう》所《しょ》」など、国の研究《けんきゅう》機関《きかん》が多く設置《せっち》されている「茨城《いばらき》県《けん》」、東京都《とうきょうと》と同じく公的《こうてき》機関《きかん》が多く設置《せっち》されている「神奈川県《かながわけん》」です。

日本の憲法《けんぽう》・法律《ほうりつ》・条例《じょうれい》のちがい

ピラミッドの上のほうになるほど強い効力《こうりょく》をもちます。

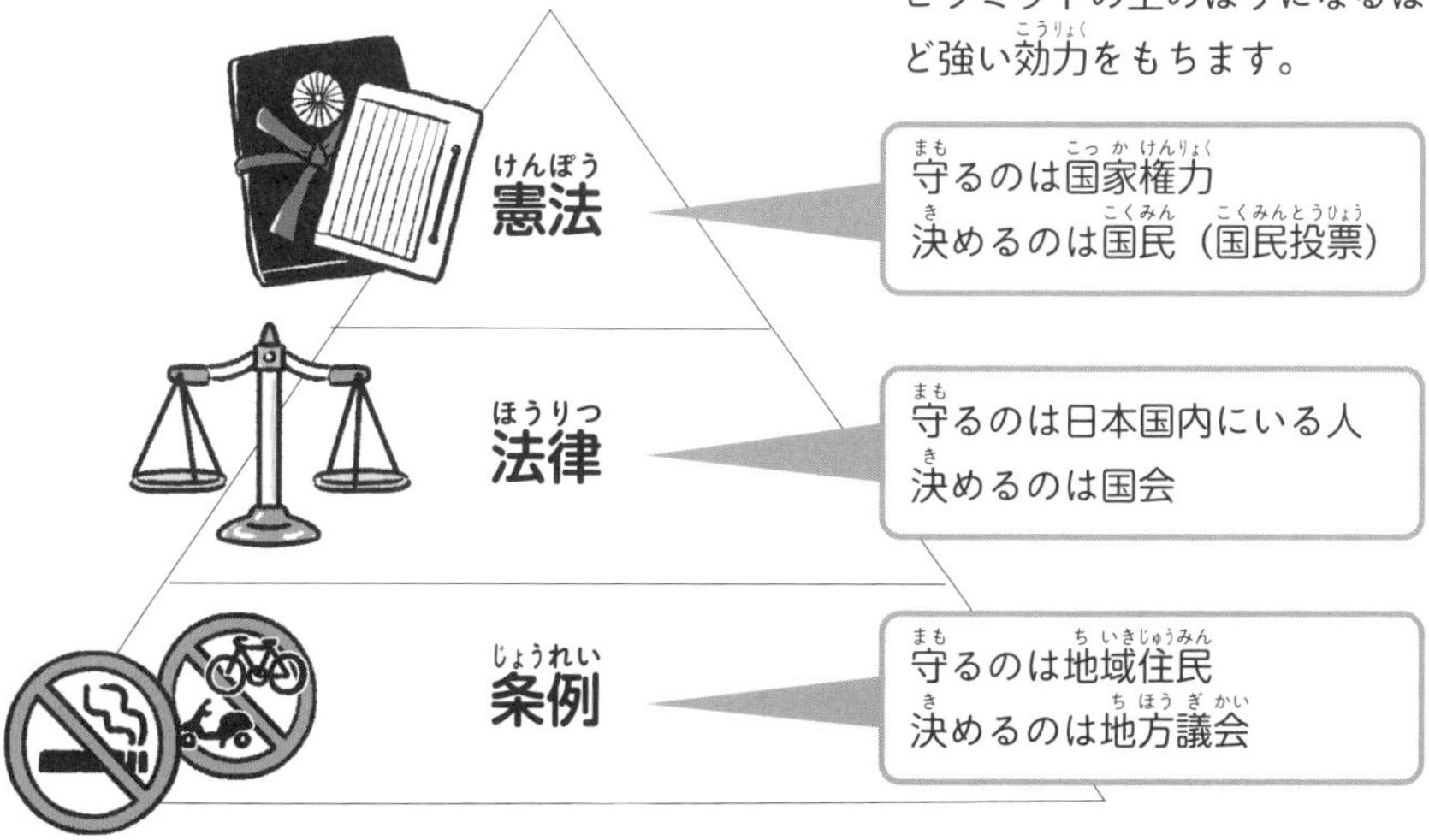

憲法《けんぽう》
守《まも》るのは国家権力《こっかけんりょく》
決《き》めるのは国民《こくみん》（国民投票《こくみんとうひょう》）
法律《ほうりつ》
守《まも》るのは日本国内にいる人
決《き》めるのは国会
条例《じょうれい》
守《まも》るのは地域住民《ちいきじゅうみん》
決《き》めるのは地方議会《ちほうぎかい》

SDGs《エスディージーズ》達成度《たっせいど》
連続《れんぞく》ナンバーワンは

フィンランド

「SDGs《エスディージーズ》」という言葉《ことば》を知っていますか？　SDGs《エスディージーズ》とは持続可能《じぞくかのう》な開発目標《かいはつもくひょう》です。2015年9月の国連《こくれん》サミットで「持続可能《じぞくかのう》な開発《かいはつ》のための2030アジェンダ」が採択《さいたく》され、2030年までに持続可能《じぞくかのう》で、よりよい世界《せかい》を目指《めざ》すための国際目標《こくさいもくひょう》となりました。「貧困《ひんこん》をなくそう」「すべての人に健康《けんこう》と福祉《ふくし》を」「気候変動《きこうへんどう》に具体的《ぐたいてき》な対策《たいさく》を」など、17

の項目《こうもく》に分けて、目標《もくひょう》が決《き》められています。

このSDGs《エスディージーズ》の達成度《たっせいど》ランキングで3年連続《ねんれんぞく》トップにかがやいたのが、フィンランドです。フィンランドは国土の70パーセント以上《いじょう》が森林で、世界《せかい》ではめずらしく水道水がおいしく飲《の》めるほどきれいです。社会福祉《しゃかいふくし》も充実《じゅうじつ》していて、2023年に国連《こくれん》が発表《はっぴょう》した「世界幸福度《せかいこうふくど》ランキング」でも1位《い》になっています。フィンランドは再生可能《さいせいかのう》エネルギーによる電力《でんりょく》の割合《わりあい》が高《たか》く、温室効果《おんしつこうか》ガスの1つである二酸化炭素《にさんかたんそ》の排出量《はいしゅつりょう》を少なくしています。賞味期限《しょうみきげん》が切れるなどした食《た》べ物《もの》を捨《す》てる「食品《しょくひん》ロス」を減《へ》らす取《と》り組《く》みにも積極的《せっきょくてき》で、首都《しゅと》のヘルシンキには、生ごみなどを一切出さないレストランがあります。料理《りょうり》をつくるときに出る生ごみも、肥料《ひりょう》にすることでごみにしないのです。日本はSDGs《エスディージーズ》達成度《たっせいど》ランキング21位《い》。みんなでできることをがんばれば、もっとよくなるかもしれません。

長い憲法《けんぽう》ナンバーワンは インド

日本国憲法《にほんこくけんぽう》は、わたしたちの人権《じんけん》や主権《しゅけん》、平和《へいわ》を守《まも》る3つの原則《げんそく》がある大切な決《き》まり。日本国憲法《にほんこくけんぽう》ができてからの歴史《れきし》の長さは、世界中《せかいじゅう》の憲法《けんぽう》の中で14番目、完成《かんせい》してから1度《ど》も中身《なかみ》がかわっていない憲法《けんぽう》にかぎれば、いちばん長い歴史《れきし》をもっています。そして、実《じつ》は世界中《せかいじゅう》の憲法《けんぽう》と比《くら》べてみると、文章量《ぶんしょうりょう》が少ないことでも知られています。英語《えいご》に翻訳《ほんやく》すると、全部《ぜんぶ》で4998語で、これは世界《せかい》で5番目に少ないです。反対《はんたい》に、いちばん言葉《ことば》の数が多く、憲法《けんぽう》の文章《ぶんしょう》が長い国であるインドは、英語《えいご》に翻訳《ほんやく》すると、なんと、

14万6000語。ほかの国とは比《くら》べられないくらい多い語数です。条文数《じょうぶんすう》は400以上《いじょう》で、これは日本国憲法《にほんこくけんぽう》の約《やく》4倍《ばい》になります。アメリカのように「連邦制《れんぽうせい》」のインドには、州《しゅう》や連邦《れんぽう》ごとの憲法《けんぽう》や条《じょう》文《ぶん》をつくる必要《ひつよう》もあるので、どうしても数が多くなります。条文《じょうぶん》の数や種類《しゅるい》が多いインドの憲法《けんぽう》を参考《さんこう》にしている国も多く、ブータンやネパールでは憲法《けんぽう》をつくるときに、インドに助《たす》けてもらったそうです。

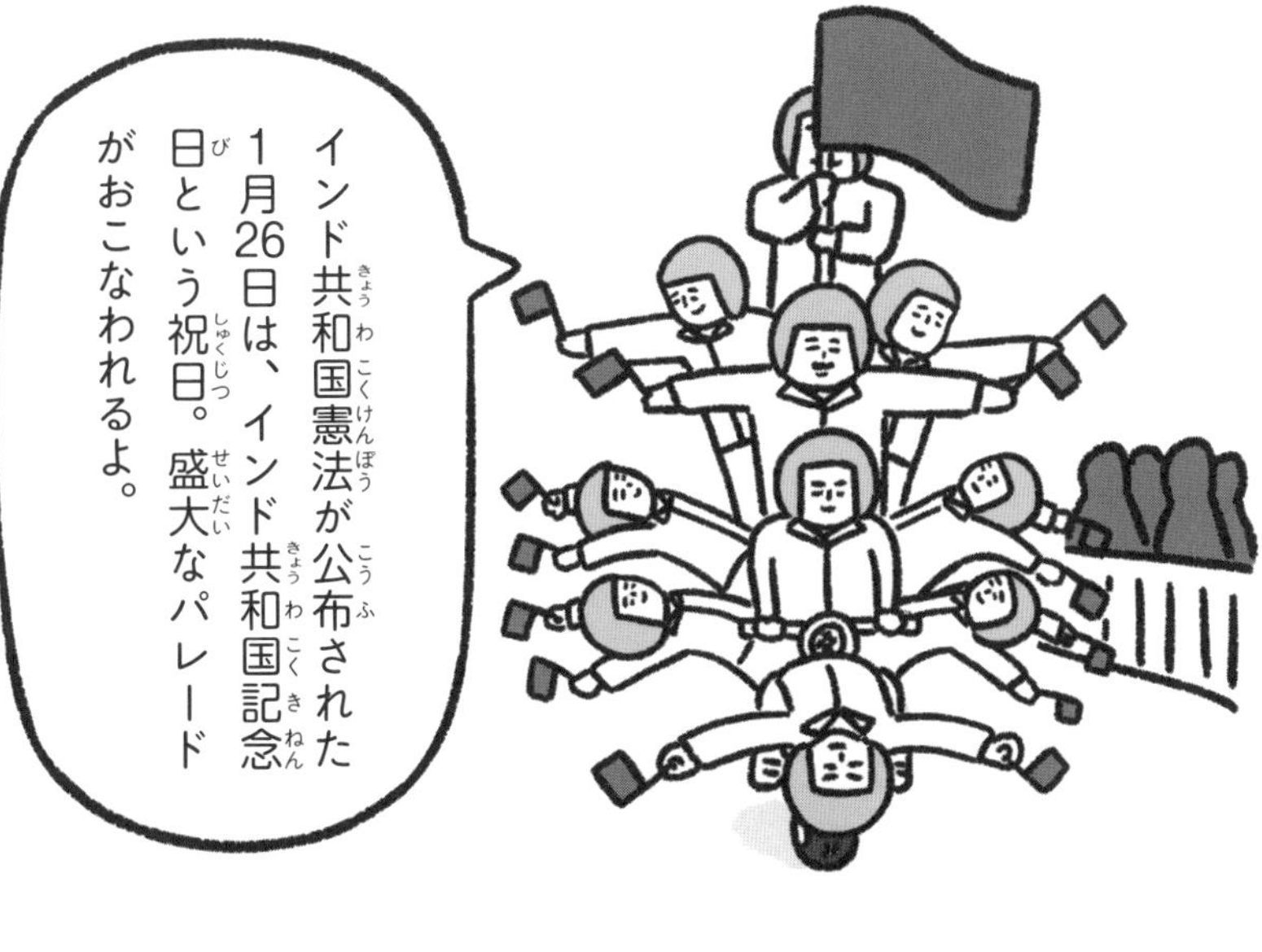
インド共和国憲法《きょうわこくけんぽう》が公布《こうふ》された1月26日は、インド共和国記念《きょうわこくきねん》日《び》という祝日《しゅくじつ》。盛大《せいだい》なパレードがおこなわれるよ。

国会《こっかい》議員《ぎいん》の報酬額《ほうしゅうがく》ナンバーワンは

シンガポール

国会《こっかい》議員《ぎいん》の報酬《ほうしゅう》が世界《せかい》で最《もっと》も多いのはシンガポールです。イギリスの資産《しさん》情報《じょうほう》サイト（2019年《ねん》調査《ちょうさ》）によると年額《ねんがく》約《やく》9700万円。国民《こくみん》から「高い」との声も上がっているようですが、国は「政治《せいじ》の質《しつ》をたもつためにも必要《ひつよう》」と説明《せつめい》しています。日本はどうかというと、年額《ねんがく》約《やく》3000万円で、世界《せかい》では第《だい》3位《い》。これは月の給料《きゅうりょう》にあたる歳費《さいひ》に、ボーナスと調査《ちょうさ》研究《けんきゅう》広報《こうほう》滞在費《たいざいひ》（旧文書《きゅうぶんしょ》通信《つうしん》交通《こうつう》滞在費《たいざいひ》）をくわえた金額《きんがく》で、立法《りっぽう》事務費《じむひ》、無料《むりょう》ＪＲ《ジェイアール》パス（特殊《とくしゅ》乗車券《じょうしゃけん》）などのほかの手当もふくめると、世界《せかい》1位《い》にせまる水準《すいじゅん》になります。

報酬《ほうしゅう》が高いか、低《ひく》いかは国《こく》民《みん》が決《き》めることです。日本は18歳《さい》になると国会議員《こっかいぎいん》をえらぶことのできる権利《けんり》「選挙権《せんきょけん》」をもつことができます。報酬《ほうしゅう》に見合うはたらきをするなら今のままでも高くない、あるいは、高いので議員報酬《ぎいんほうしゅう》を見直すべきなど自身《じしん》の考えをたくせる人をえらぶことができるのです。

2023年、国会議員報酬《こっかいぎいんほうしゅう》を上げる法案《ほうあん》が国会に提出《ていしゅつ》されました。みなさんが選挙権《せんきょけん》をもつころはどうなっているでしょう。

まちがいなく高い！
高くないかも？
クカ〜
うん
うん

Social Studies

言語の多い国ナンバーワンは

パプアニューギニア

南太平洋《みなみたいへいよう》の島国《しまぐに》であるパプアニューギニア。人口は約《やく》1000万人で、南太平洋《みなみたいへいよう》では最《もっと》も人口の多い国です。パプアニューギニアの第一公用語《だいいちこうようご》は英語《えいご》で、学校の授業《じゅぎょう》などの教育《きょういく》、テレビ、ラジオ、新聞といったメディアでは英語《えいご》が使《つか》われます。

山や湿地帯《しっちたい》にかこまれ、移動《いどう》や交流《こうりゅう》が少ない地域《ちいき》も多いため、約《やく》800もの民族《みんぞく》があり、それぞれが独自《どくじ》の言語（トクプレス）を話すといわれます。言語の多さは世界一《せかいいち》の国です。トクプレスは、たとえると、東京都《とうきょうと》から埼玉県《さいたまけん》に移《い》動《どう》するだけで、使《つか》う言語がかわるような状況《じょうきょう》です。これでは、同じ国なのに意《い》思《し》疎《そ》通《つう》ができませんね。そこで、多くの人が使《つか》う言語として、「トクピシン」という共通《きょうつう》の言語ができました。英《えい》語《ご》をベースにできた言語です。授《じゅ》業《ぎょう》では英《えい》語《ご》を使《つか》って、休憩《きゅうけい》時《じ》間《かん》には、トクピシンで雑《ざつ》談《だん》するのが一《いっ》般《ぱん》的《てき》なんだとか。パプアニューギニアの人々《ひとびと》は、ふだんから英《えい》語《ご》、トクピシン、トクプレスの3つの言《こと》葉《ば》を使《つか》い分《わ》けているのです。

仮面《かめん》をかぶる文化《ぶんか》をもつ民族《みんぞく》が集《あつ》まって、おどりをひろうする、年《ねん》に1度《ど》のお祭《まつ》り「ナショナル・マスクフェスティバル」があるよ。多様《たよう》な民族《みんぞく》が存在《そんざい》するパプアニューギニアならではのお祭《まつ》りだ！

国民《こくみん》1人当たりのGDP《ジーディーピー》ナンバーワンは ルクセンブルク

GDP《ジーディーピー》は国内総生産《こくないそうせいさん》のことです。これは一定《いってい》の期間内《きかんない》に、国内で生産《せいさん》された商品《しょうひん》やサービスの付加価値《ふかかち》の合計額《ごうけいがく》です。2022年の国際通貨基金《こくさいつうかききん》（IMF《アイエムエフ》）の統計《とうけい》によると、GDP《ジーディーピー》の世界《せかい》ナンバーワンはアメリカとなっています。GDP《ジーディーピー》は国民《こくみん》の人数が多いほど高い数字が出やすく、国のゆたかさがわかります。しかし、国の経済状況《けいざいじょうきょう》がよいことと国民《こくみん》1人ひとりの経済状況《けいざいじょうきょう》はイコールではありません。1人当たりのGDP《ジーディーピー》は、国のGDP《ジーディーピー》を人口の数で割《わ》るともとめることができます。この1人当たりのGDP《ジーディーピー》がいちばん高いのは、ルクセンブルクです。ヨーロッパの小さな国で、人口も約《やく》64万人と多くありません。それなのに、12万6598ドル（2022年時点）という世界《せかい》ナンバーワンの数字を出しています。その理由《りゆう》の1つが、他国《たこく》から国境《こっきょう》をこえてはたらきにくる労働《ろうどう》者《しゃ》（越境《えっきょう》労働者《ろうどうしゃ》）が多いことです。例《たと》えばフランスに住《す》む人がルクセンブルクではたらくと、GD《ジーディー》P《ピー》はルクセンブルクに加算《かさん》され、人口はフランスに足されます。そうするとルクセンブルクの1人当たりのGDP《ジーディーピー》が高くなるのです。

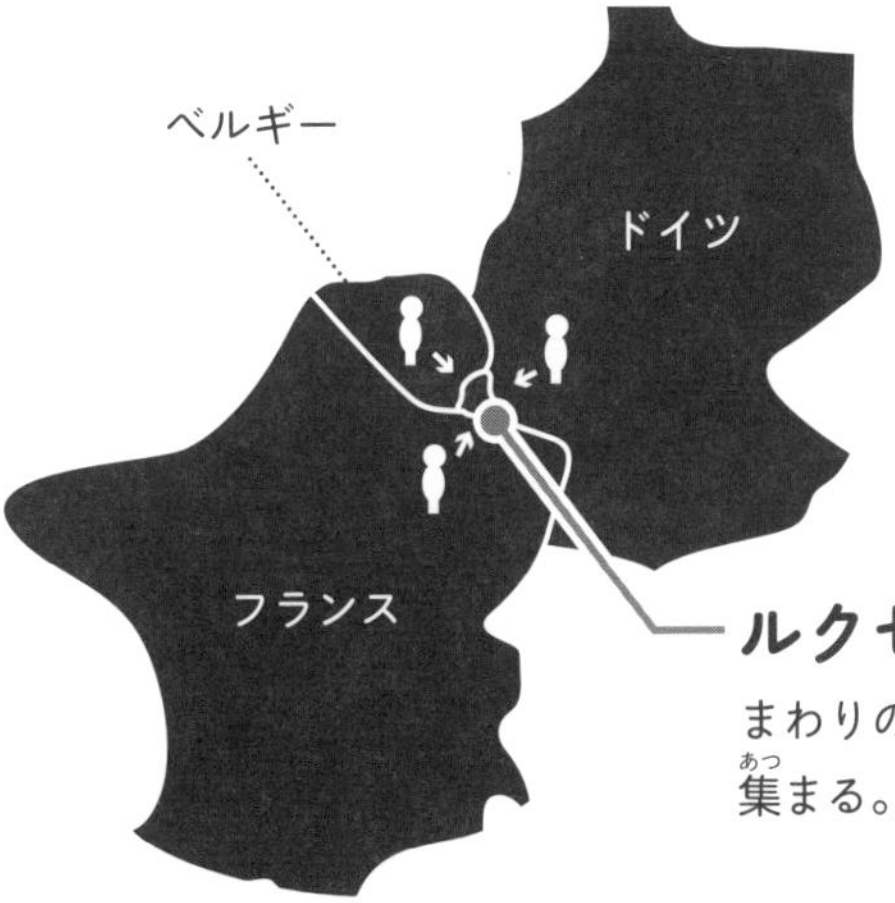

ルクセンブルク
まわりの国《くに》から労働者《ろうどうしゃ》が集《あつ》まる。

2度《ど》の世界大戦《せかいたいせん》に反対《はんたい》した
アメリカの国会議員《こっかいぎいん》

ベトナム戦争《せんそう》に反対《はんたい》するデモ行進《こうしん》に88歳《さい》で参《さん》加《か》するなど生涯《しょうがい》を通して平和活動《へいわかつどう》をおこない、女性《じょせい》の参政権確保《さんせいけんかくほ》にも尽力《じんりょく》した。

アメリカは民主主義《みんしゅしゅぎ》の国です。多くの戦争《せんそう》をしてきた国でもあります。そのアメリカで第一次世界《だいいちじせかい》大戦《たいせん》にも第二次世界大戦《だいにじせかいたいせん》にも参加《さんか》することに反対《はんたい》した議員《ぎいん》がいます。アメリカ初《はつ》の女性議員《じょせいぎいん》となったジャネット・ランキンです。ただ1人、両方《りょうほう》の参戦決議《さんせんけつぎ》に反対票《はんたいひょう》を投《とう》じました。ここで質問《しつもん》です。民主主義《みんしゅしゅぎ》＝多数決《たすうけつ》だと思いますか。多数決《たすうけつ》には長所《ちょうしょ》と短所《たんしょ》があります。長所《ちょうしょ》は、多数の意見《いけん》を反映《はんえい》できて物事《ものごと》を早く決《き》められること。短所《たんしょ》は、少数の意見《いけん》を切《き》り捨《す》ててしまうことです。つまり民主主義《みんしゅしゅぎ》＝多数決《たすうけつ》ではありませんね。民主主義《みんしゅしゅぎ》とは、政治《せいじ》をおこなう仕組《しく》みで、話し合いを通じて決定《けってい》するやり方だからです。意見《いけん》のちがう人と話し合うのは大変《たいへん》なことですが、命《いのち》や人権《じんけん》にかかわる問題《もんだい》は特《とく》に、民主主義《みんしゅしゅぎ》の話し合いで決《き》めるという仕組《しく》みをいかさなければなりません。何より大切にされるべきは命《いのち》や人権《じんけん》だということを大前提《だいぜんてい》にして、冷《れい》静《せい》に議論《ぎろん》をつくす民主主義国家《みんしゅしゅぎこっか》でありたいですね。

※参政権《さんせいけん》…国民《こくみん》が政治《せいじ》に参加《さんか》する権利《けんり》のこと。国民《こくみん》の代表《だいひょう》をえらぶ選挙権《せんきょけん》と、国民《こくみん》の代表《だいひょう》になる資格《しかく》である被選挙権《ひせんきょけん》などといった基本的人権《きほんてきじんけん》の1つ。

クイズの答え

世界一《せかいいち》の国クイズ（48ページ）

① 3 東京都《とうきょうと》の新宿駅《しんじゅくえき》が世界一《せかいいち》。

② 2 標高《ひょうこう》5640メートルにある東京大学《とうきょうだいがく》アタカマ天文台が世界一《せかいいち》。東京大学《とうきょうだいがく》が主導《しゅどう》してつくられた。

③ 3 山梨県《やまなしけん》の慶雲館《けいうんかん》が世界最《せかいさい》古《こ》の宿《やど》。

④ 1 イタリアの首都《しゅと》ローマ市内《しない》にある。2位《い》はモナコ公国、3位《い》はナウル共和国《きょうわこく》。

地理・歴史《れきし》クイズ（90ページ）

① 3 「ホテル／宿泊施設《しゅくはくしせつ》」のピクトグラムを記号化《きごうか》したもの。

② 1 6月～8月ごろ、北海道《ほっかいどう》、東北《とうほく》、関東《かんとう》などでふく、つめたい北東の風のこと。

③ 2 サツマイモがつくられた。

④ 1 漢字《かんじ》で書《か》くと汚穢屋《おわいや》。うんちは畑《はたけ》の肥料《ひりょう》として使《つか》われていた。

お金クイズ（102ページ）

① 1 故《こ》エリザベス女王のコイン。

② 1 カザフスタンの通貨《つうか》「テンゲ」の記号《きごう》。

③ 2 実用《じつよう》ではなく収集家向《しゅうしゅうかむ》けにつくられた。

④ 3 急《いそ》いでお札《さつ》を印刷《いんさつ》する必《ひつ》要性《ようせい》から日本銀行《にっぽんぎんこう》が発行《はっこう》した200円札《えんさつ》。

主な参考文献

『図解 戦国武将』（新紀元社）
『法隆寺を支えた木 改版』（NHKBOOKS1257）
『超リアル戦国武士と忍者の戦い図鑑』（G.B.）
『よみがえる古代大建設時代 巨大建造物を復元する』（東京書籍）
「橋の歴史物語」（鹿島建設）
『季刊大林 No.20』「王陵」（大林組プロジェクトチーム）
世界遺産検定公式ウェブサイト（特定非営利活動法人 世界遺産アカデミー）
農林水産省ウェブサイト
外務省ウェブサイト
文化庁ウェブサイト
内閣府ウェブサイト
東京都立図書館ウェブサイト

編集・制作　株式会社 アルバ
執筆　井上幸太
名越由実
デザイン・DTP　株式会社 明昌堂
イラスト　カケヒジュン
ニシノアポロ
馬場真帆
校正・校閲　株式会社 ぷれす
余島編集事務所
米澤静香

教科別　びっくり！オモシロ雑学

ふむふむ 社会 4

2024年3月31日　第1刷発行

編　社会オモシロ雑学研究会
発行者　小松崎敬子
発行所　株式会社 岩崎書店
〒112-0005
東京都文京区水道1-9-2
電話　03-3812-9131（営業）
03-3813-5526（編集）
振替　00170-5-96822
印刷　三美印刷 株式会社
製本　株式会社 若林製本工場

NDC 914
ISBN 978-4-265-09169-0

Published by IWASAKI Publishing Co., Ltd.Printed in Japan
ご意見ご感想をお寄せください。
E-mail　info@iwasakishoten.co.jp
岩崎書店ホームページ　https://www.iwasakishoten.co.jp
落丁本・乱丁本は小社負担にておとりかえします。